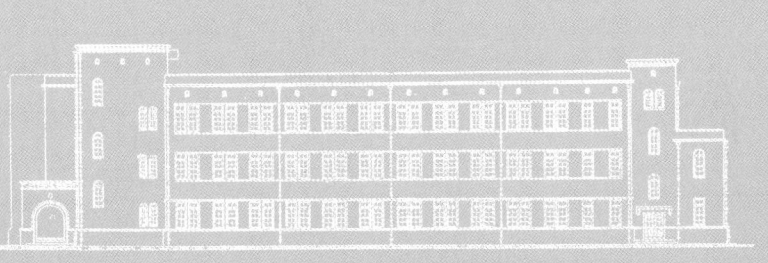

追尋北一

台北第一高女的光與影

作者 蔡蔚群

THE HISTORY OF TAIPEI FIRST GIRLS HIGH SCHOOL

推薦序

歷史總是在不遠處等我們去發掘，或是去創造

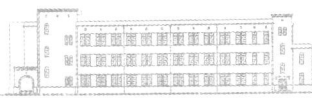

蔚群畢業於國立台灣師範大學歷史研究所，兼具學識涵養與研究能力。他在北一女任教近二十年，教學專業、鼓勵學生獨立思考，深獲學生喜愛。蔚群長期擔任本校綠衣使節培訓講師，負責校史課程。前幾年適逢修復光復樓及籌備一百二十周年校慶活動，我請蔚群幫忙梳理校史，意外發現很多珍貴的資料，包括照片、文件、書畫、人物等，皆極具典藏、研究價值。然而，要書寫一所學校的歷史，尤其是培育台灣傑出女性的搖籃，是一件不容易的

事，加上學校校史跨越日治與戰後時期，深具文化與政治意義，遣辭用句都需字字斟酌。我在想，蔚群一定是太愛這所學校，才能孕育出《追尋北一》這本書。

《追尋北一》從校名沿革、校長任事、校訓典章、校服變化、校慶活動、校園建築、學生組成等篇目，呈現日治時期台北第一高女的樣貌，同時也探討這所位處政治中心的校園，從創校之初以培育良妻賢母為目標，到開放本島學生入學，再到戰爭時期被迫配合戰時體制，在變動的政局下，學校的辦學理念經歷轉折，當時的學生，也在新女性的自我追求與愛國者的時代要求之間尋找平衡。台北第一高女的歷史軌跡，不僅僅是時代的觀察者，更是時代變革的推動者，直至今日的北一女中，也是引領台灣教育變革的重要力量。

北一女中走過雙甲子，見證台灣女子教育的發展，如果你有幸在年輕時讀過北一女，它必會一生跟著你，成為一場可帶走的盛宴。而現在，如果你讀過《追尋北一》，將會更深刻地理解這場盛宴的底蘊與價值。《追尋北一》帶我們回到百年名校的起點，不只呈現台北第一高女的光與影，也開啟北一女的傳奇序章。

台北市立第一女子高級中學 陳智源校長

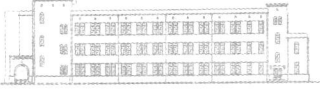

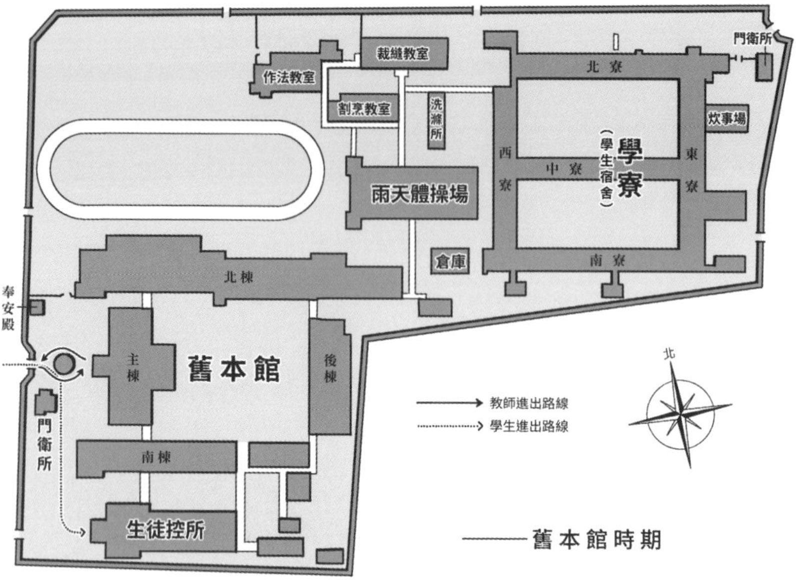
裁縫教室
作法教室
割烹教室
洗滌所
門衛所
北寮
炊事場
學寮
（學生宿舍）
西寮
中寮
東寮
南寮
雨天體操場
倉庫
北棟
奉安殿
主棟
舊本館
後棟
門衛所
南棟
生徒控所
教師進出路線
學生進出路線
北

——舊本館時期

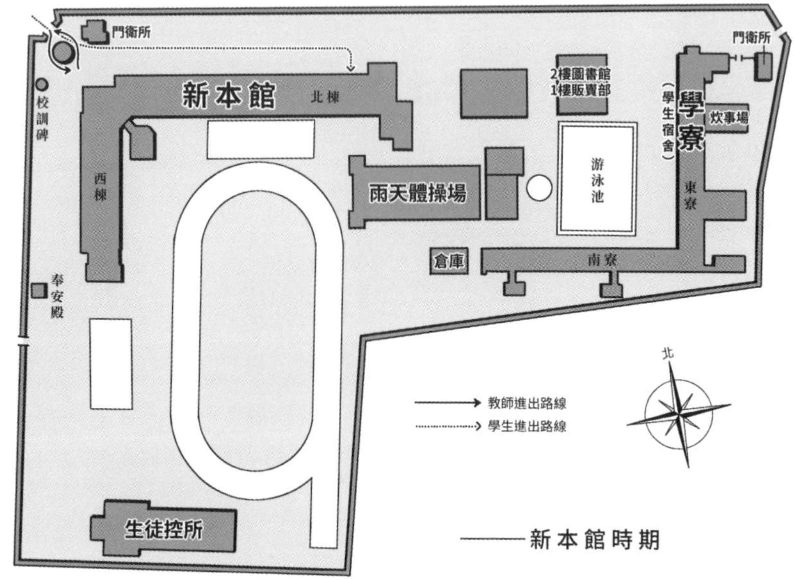
門衛所
門衛所
新本館
北棟
2樓圖書館
1樓販賣部
學寮
（學生宿舍）
炊事場
校訓碑
西棟
雨天體操場
游泳池
東寮
倉庫
南寮
奉安殿
教師進出路線
學生進出路線
北
生徒控所

——新本館時期

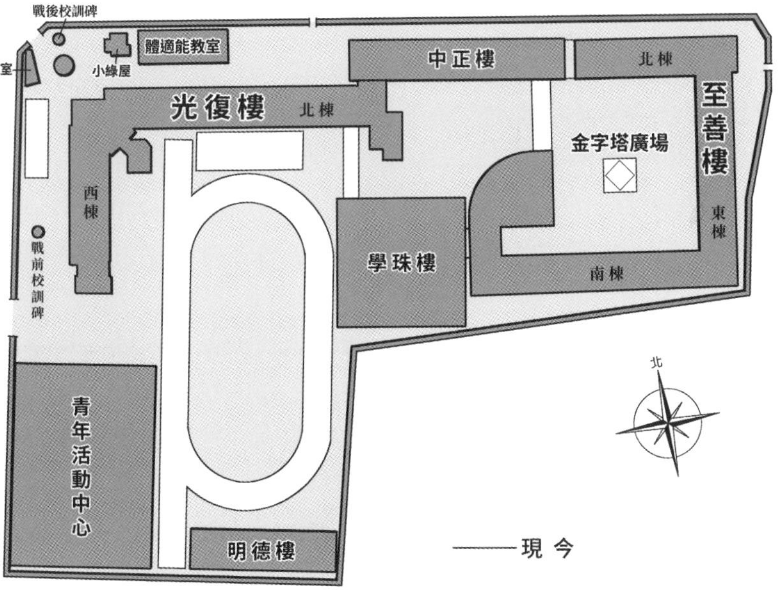
戰後校訓碑
傳達室
小綠屋
體適能教室
中正樓
北棟
光復樓
北棟
至善樓
金字塔廣場
西棟
戰前校訓碑
學珠樓
東棟
南棟
青年活動中心
明德樓
北

——現今

目次

推薦序　歷史總是在不遠處等我們去發掘，或是去創造／北一女校長　陳智源　7

前言　18

1. 從附屬學校到台北第一：校名篇　26

附屬學校時期（一九〇四至一九〇九年）　30

全台唯一時期（一九〇九至一九一七年）　32

台北第一時期（一九一七年以後）　34

2. 反映時代的治校風格：校長篇　40

首任校長：中村忠誠　42

短暫的過渡：山崎勇　43

唯一的女校長：脇野つい 44
奠定學校基業：尾田信直 46
制服改革先驅：秋吉音治 50
一高女的美好年代：清水儀六 55
走向全新校園：浮田辰平 62
戰爭動員與強身健體：松井實 68
空襲下的犧牲者：伊藤仙蔵 74
迎來尾聲：三浦武治 79

3. 學校理想的象徵：校訓、校歌與校徽篇 84

4. 西風東漸下的衣著：校服篇 95

日式制服：和服（袴） 96
和服改良 98
走向洋服 102
水手服 108
戰時體制 112

5. 與眾同歡的誕生日：校慶篇 118

創立二十五周年紀念（一九二九年） 120
創立三十周年紀念（一九三四年） 123
二十周年校慶（一九六五年） 126
九十周年校慶（一九九三年）及其後 130

6. 見證時代轉向的建築：校地、校舍與校門篇 136

校地前史 136
最初的校地、校舍：物產陳列所 143
從文廟到舊本館 152
陳列所校地：學寮 170
陳列所校舍：轉變為雨天體操場 176
海軍幕僚校地：轉變為舊操場 180
從舊操場到新本館 187
新本館：學校的新堡壘 198
新校門與校園規劃 214

7. 殖民體制下的掙扎：本島人篇 232

本島生入學 234

本島人的在學經歷 240

畢業之後：本島人學生的下一步 246

少見的本島人教師 252

附錄1：入學、畢業屆別對照表 257

附錄2：本島人學生 263

前言

二〇〇六年我進北一女中服務，對校史幾乎一無所知。二〇一二年張碧娟校長任內，因應學校日益頻繁的國際交流，成立綠衣使節。當時江麗玉秘書（現為學務主任）邀我參加綠衣使節培訓營，講述北一校史。就算已在校六年，仍是一知半解，只能硬著頭皮準備。迄今還是不清楚麗玉老師為何找我，以及哪來的自信答應。此後每年一次的培訓營課程，成為我固定和校史對話的時刻。從早期高度依賴百年校史《典藏北一女》，到對某些敘述心生疑惑，嘗試找史料回答問題。點點滴滴，累積知識。

二〇二二年十一月，學校成立校史工作小組，短期是為了籌備一百二十週年校慶，長期則希望承先啟後、持續推進校史工作。吳銘祥秘書（現為中崙高中校長）邀我加入。台灣擁有一百二十年歷史的高中屈指可數，為了校慶，北一女中辦了許多活動，我也參與其中幾件：開講東宮行啟、校慶史、新本館史；考證校史牆年代、事件正確性；拜訪日治時期校友，並在校慶當天接待。這是北一女充滿歷史氣息的一段時間，躬逢其盛，備感榮幸。校慶後絢爛歸於平靜，校史千頭萬緒，仍有許多工作等著進行。

百二校慶前，我開始撰寫日治時期校史，有幾個原因。首先，一〇八課綱後，學生有許多自主探索、實作機會，可能觸及校史，許多好奇與疑問，非三言兩語能夠說明；其次，新本館古蹟修復與百二校慶，掀起新一波對北一歷史的興趣，各方詢問不斷。特別是日治時期校史，原有敘述十分簡略，前後不連貫，事件無法合理解釋，都有再深入探索、詳加說明之必要；第三，日治時期的報紙、雜誌、書籍、照片資料庫，多數已在網路公開，有待運用於校史撰寫；第四，校史室庋藏日治時期照片，此前展示者多，解釋者少，只要對這段歷史的掌握度夠高，這批珍貴照片可以提供的資訊、佐證的史實超乎想像，本書是初步嘗試；第五，二〇二一年十一月中研院台史所出版《圓滿人生：台北第一高女陳瑳瑳女士訪問紀錄》，是目前幾本訪問紀錄中最詳盡者，九十多歲的瑳瑳學姊，以驚人的記性留下在學回憶，是校史極具價值的新史料；最後，希望透過這本書，往後各界提到「百年名校」北一女時，不再只是遙遠的浪漫想像，而有具體的人物、事蹟以為憑藉。

史料是過去遺留的痕跡，透過史料，才有重建過去之可能。台北一高女有著輝煌且獨一無二的歷史，主觀上就會想留下紀錄，例如官方刊行的《創立二十五周年記念》、日治校友會綠會（みどり会）彙整的《台北第一高女物語》（台北第一高女ものがたり）。但史料也曾遭逢浩劫。教諭同時也是校友的高田登代子，在〈親指山殘照〉提到日本戰敗後，於操場燒毀堆積如山的重要文件，一切化為灰燼，令人痛心！校史敘述常帶著濃厚情感，師生對校史的溫情與敬意，前提是必須根據史料，建立在具體人、事、時、地、物之上。先寫實，再抒情。這本小書，希望知識穩固、細節清楚後，再提出個人看法。當然，若有史實錯誤或敘述失當之處，一定是我努力還不夠。

台北一女中繼承的台北一高女是內地人學校，師生絕大多數都是內地人，書寫也不可能脫離內地人視角。根據學校《一覽》估計，自內台共學起至日本戰敗止（一九二二至一九四五年），一高女約有五千位畢業生，其中本島人不到百人，比例甚低。北一女中實際上寫不出中山女中、台中一中那種以本島人為主學校的歷史，無關意願，客觀條件使然。我在最後一篇「本島人」，以校史揭露殖民統治下的差別待遇，敘述幾位在時代大逆風下，突破種族、性別限制本島人校友的歷程，算是彌補。

從戰前一高女到戰後一女中，在有意或無意間，一些特徵延續下來，串起了校史的兩個時代。舉幾個例子：一、「第一」校名，原是日治各州校名編號方式，戰後為了保住戰前「第一」校名，與三高女（中山女中）競爭過，可見時代已然翻頁，邏輯卻還從舊；二、戰前位於總督府旁的一高女，在台北大空襲時受連累，校舍重創，校長死亡。戰後空襲陰影仍在，只是轟炸者從盟軍變為共軍，位於總統府旁的一女中，為此將制服上衣改為深綠色，是面向權力中心的宿命；三、一九九〇年代，正直、堅強、優雅（正しく 強く 淑かに）校訓碑出土，一九九八年舊碑重立。戰後「公誠勤毅」原本有訓無碑，此時也新立校訓碑，將兩個時期的校訓碑直接串聯，可以說戰前校訓碑催生了戰後校訓碑；四、新本館、操場使用超過九十年，無數青春少女在同一間教室上課，在同一座操場奔馳，是兩個時代學生共同記憶。這裡特別想提一件事：當我寫到本島人學生藍敏，在課堂上頂撞崎山教頭險遭退學一段時，便注意到因為該堂是修身課，而新本館只有一間修身教室，意外發現就是我導師班隔壁的一恭教室。八十五年後的我，可以坐在靠窗位子，仿藍敏那堂課看往大屯山發呆，現場體驗歷史。

寫這本書的經驗很特別。由於我工作的地點就是我寫作的對象，所以可以無限次造訪歷史場景。常常白天在校上課，晚上書寫校史，隔天到校確認書寫內容。待在北一女中近二十年，校園每個地點，校舍每個細節，反覆觀察之下，有些問題不小心就解答出來。時至今日，當我看向校園某處，同時也可以看見六十年前、九十年前、一百二十年前的樣貌。建中、中山歷史雖然更加悠久，卻都搬過家，無法完全比照北一此種同地點、長時段觀看的方式。這本書的誕生，說來沒什麼捷徑，就是徘徊於古、今之間，持續思索、辯證下的結果。

日治時期四十一年（一九〇四至一九四五年），雖然只占校史三分之一長度，但不容易說清楚，因為前後社會、政治、教育制度經歷了劇烈變化。台北一高女是台灣唯一跨越日治初期、中期、末期的高等女學校，可以說校史完整對應了時代變遷，這是許多學校做不到的。我在書寫時，有意識地將學校小歷史，連結到整體大歷史，以時代之眼觀看學校發展。特別是台北一高女以「第一」為名，以「女教大觀」（集女子教育之大成）自詡，校長、教師名人頗多。學生不只表現傑出，還來自優勢家庭，舉足輕重。像是陳瑳瑳同班同學足立洋子，父親是台北帝大教授足立仁，祖父是當時日本首相鈴木貫太郎。因此，校史書寫雖然只是教育史一小部分，但台北一高女的校史可以延伸到許多地方，與台灣美術史、文學史、建築史、城市史、社會史、政治史都有關連，下筆一不小心就會岔出主題，要提醒自己節制收斂。

這本小書得以完成，首先要感謝江麗玉秘書，給予機會在綠衣使節講述校史，為我開啟了一條校史修鍊之路。再要感謝陳智源校長、前後任吳銘祥秘書、陳怡芬秘書，提供我竭盡探索校史的自由，採納我各式各樣奇特提議，不時關心書籍撰寫進度，並提供各種協助。其中一個例子：我建議新本館古蹟修復後，應該要拍總統府中央塔視角校園全景，上次拍可能是五十年前。沒想到怡芬秘書真的找到機會，我與兩位家長志工因而登上中央塔，回到久違的視角，留下珍貴鳥瞰校園影像。在智源校長帶領下，現在北一女中滿是動能。積極進取、多元多彩的教學環境，是我寫作最大後盾。此外，要感謝何黛雯建築師團隊，還新本館原來面貌並賦予生命力。古蹟像是醒過來，不只功能齊全好用，也廣受全校師生喜愛。今天的我們，已經很接近杜淑純、林素琴、陳瑳瑳少女時代的新本館，可以直接透過建築感受校史溫度，是北一女中特有的奢華。感謝為古蹟修復付出心力的所有人。

也謝謝國史館吳俊瑩協修（現為台大歷史系助理教授）的啟發與協助。國史館是北一女鄰居，俊瑩長期路過觀察，提出見解，激勵我思考校史問題。有一年我甚至請他來北一，指導人社班學生寫作論文，因此有比較多討論校史機會。記得經過正しく 強く 淑かに校訓碑時，俊瑩說還好石碑埋在地下一段時間，要不然以戰後政治氣氛，碑文很可能遭破壞。留下來的其實都是僥倖！近年新發現的初本館（物產陳列所）油畫，也在他居中牽線下，找到幾位台灣美術史專家協助鑑定，確認畫作在校史具重大意義。寫作期間，搜尋史料遭遇問題，承蒙指導後順利解決。凡此均感念在心。

最後要感謝衛城洪仕翰總編輯、陳怡潔編輯。我荒廢書寫已經很長一段時間，再拾起筆寫作頗無信心。感謝仕翰、怡潔閱讀稿件後願意出版，讓這本書可以以最優雅的姿態問世。怡潔同為女校出身，很能共感女校的特殊氛圍與細膩之處，出版過程中許多討論，彼此意見常不謀而合，真的是很愉快的一段合作經驗。希望這本書，能順利帶領讀者進入那個遙遠、陌生但迷人的台北第一高女。

從附屬學校到台北第一：校名篇

日治時期，學生從六年制的小學校（內地人為主）或公學校（本島人為主）畢業後，可參加中等學校各自舉辦入學試驗，合格者男生進入中學校、女生進入高等女學校就讀。兩者學制不同，中學校五年制，高等女學校四年制。高女學生若要升學，有第五年的補習科可銜接，但招收人數少。此種中等教育性別不平等，終日治之世皆然。台北一高女秋吉音治、清水儀六兩任校長，都曾在報刊撰文，大聲疾呼將高等女學校提升為五年制，與中學校齊平，可惜未能成功。

日本領有台灣後，陸續設立二十所公立高等女學校，如表1所示。初期創立的學校，不一定同時施行高等女學校學制，表中兩種年份皆有註明。其中三所是本島人為主學校，在一九二二年由三年制的「女子高等普通學校」改為四年制的「高等女學校」。至於台北第一高女（北一女中前身），學制變化軌跡獨一無二。

台灣總督府最早設立的女學校，是一八九七年的國語學校（現為台北市立大學）第一附屬學校女子分教場（位於今天的士林），也就是今天中山女中的前身。所以中山女中創校早於北一女中。若是以「高等女學校」學制為標準，我們在創校五個月後改稱第三附屬「高等女學校」，是全台灣第一所高等女學校。一九一七年以前，還是全台灣唯一一所高等女學校。

<table>
<tr><th>校名</th><th>創立年</th><th>高女學制</th></tr>
<tr><td>台北第一高女</td><td>1904</td><td>1905</td></tr>
<tr><td>台南第一高女</td><td colspan="2">1917</td></tr>
<tr><td>台中第一高女</td><td colspan="2">1919</td></tr>
<tr><td>台北第二高女</td><td colspan="2">1919</td></tr>
<tr><td>台北第三高女</td><td>1897</td><td>1922</td></tr>
<tr><td>彰化高女</td><td>1919</td><td>1922</td></tr>
<tr><td>台南第二高女</td><td>1921</td><td>1922</td></tr>
<tr><td>嘉義高女</td><td colspan="2">1922</td></tr>
<tr><td>基隆高女</td><td colspan="2">1924</td></tr>
<tr><td>新竹高女</td><td colspan="2">1924</td></tr>
<tr><td>高雄第一高女</td><td colspan="2">1924</td></tr>
<tr><td>花蓮港高女</td><td colspan="2">1927</td></tr>
<tr><td>屏東高女</td><td colspan="2">1932</td></tr>
<tr><td>蘭陽高女</td><td colspan="2">1938</td></tr>
<tr><td>台東高女</td><td colspan="2">1940</td></tr>
<tr><td>虎尾高女</td><td colspan="2">1940</td></tr>
<tr><td>台中第二高女</td><td colspan="2">1941</td></tr>
<tr><td>台北第四高女</td><td colspan="2">1942</td></tr>
<tr><td>馬公高女</td><td colspan="2">1943</td></tr>
<tr><td>高雄第二高女</td><td colspan="2">1943</td></tr>
</table>

表 1：台灣高等女學校設立狀況

中山女中在日治時期因本島人女子教育而設立，在殖民母國差別待遇下，先後稱「女學校」、「女子高等普通學校」。直到一九二二年，在內地延長主義、內台共學新政策下，改稱台北第三「高等女學校」，制度上才向內地人學校看齊。實際上，從一開始內地人、本島人分軌且差別的學制，到一九二〇年代學制雖然整齊劃一，但創校較早校名稱「第三」，創校較晚校名仍稱「第一」，在在顯示內、台高低之別。種族間的不平等，實質貫穿整個日治時期。一高女校名中的「第一」，代表的是內地人優勢政治與社會地位。

一九二二年的改正《台灣教育令》（大正十一年勅令第二〇號）是一個重要分界點，這一年以前創立的高等女學校，在日治時期至少有兩個校名，投射出殖民統治前期，高等女學校學制的隸屬、定

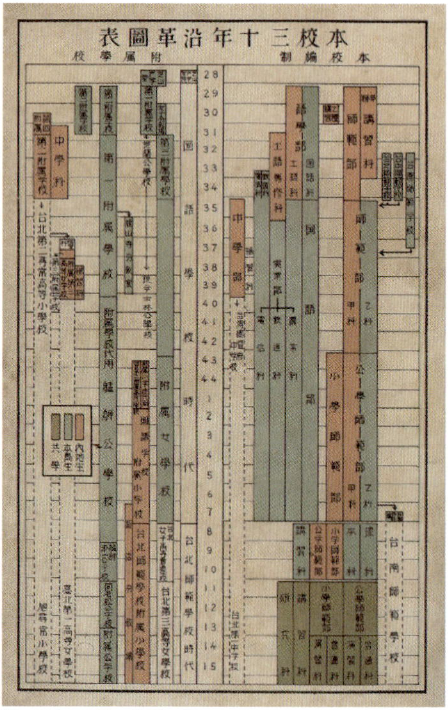

圖 1：從國語學校沿革圖表，左側「附屬學校」可以看出台北一高女、三高女校名、制度演變過程。來源：《台北師範學校創立三十周年記念誌》（1926）。

位還不明確。一九二二年以後新成立的高等女學校，單純許多，以某某州立或某某廳立開頭，反映此時中等學校制度穩定。若有改名，只是該區域高等女學校從一所變兩所，校名因而以第一、第二區隔。

最早成立的兩所女學校（今中山女中、北一女中），校名多次變更。圖1是兩校早期從附屬總督府國語學校到分別成為台北三高女、台北一高女的演變過程，頗為複雜。本島生的綠色、內地生的橘色，是最清楚的分別。

一九〇四年創校後，北一女中先後有過八個校名。若以時代區分，戰前校名六個，戰後校名兩個。若以性質區分，附屬他校校名三個，獨立成校校名五個。以位階而言，最低階在創校之時，是國

西元	校名	附屬校名
1904年10月3日	台灣總督府國語學校	第三附屬學校 台北第二尋常高等 小學校分教場
1905年2月27日	台灣總督府國語學校	第三附屬高等女學校
1907年5月20日	台灣總督府中學校	附屬高等女學校
1909年4月1日	台灣總督府高等女學校	
1917年9月30日	台灣總督府台北高等女學校	
1921年5月6日	台北州立台北第一高等女學校	
1945年12月12日	台灣省立台北第一女子中學	
1967年7月1日	台北市立第一女子高級中學	

表2：北一女中的校名更易

語學校其中一所附屬學校之下的小學校的分校；最高階在一九〇九至一九一七年八年之間，直接隸屬於全台最高行政機構總督府，而且是全台唯一一所高等女學校。歷來校名如表2所示。

一高女在一九二九年出版《創立二十五周年記念》，書中「本校沿革」等於學校編年史。雖然只有短短四分之一世紀，當時已將校史分成三期：

第一期：附屬學校時代（一九〇四至一九〇九年）

第二期：台灣總督府高等女學校時代（一九〇九至一九二一年）

第三期：台北州立台北第一高等女學校時代（一九二一年以後）

幾乎百年後，當我重新思考怎麼根據校名演變、適度將校史分期時，很意外地發現，前述分期架構仍大致可用。百年前分期之所以仍可用，表示校名根本變化發生在創校初期，之後變化不大，或者說變化只在表層。一百二十年來，北一女中的八個校名，依隸屬、位階的不同，我試著分成三個時期：附屬學校時期、全台唯一時期、台北第一時期。

附屬學校時期（一九〇四至一九〇九年）

日治台灣兼具現代治理與殖民治理。以現代治理而言，此時是國民教育創建階段；以殖民治理而言，內地人、本島人的教育分別沿著平行、互不相涉的兩條路徑發展。我們創校初期的校名，即為內地人女子中學教育的路徑。

校史最初四年便三易校名，反映日治初期殖民地教育體系還在嘗試、摸索階段。北一女中的第一個校名很長：台灣總督府國語學校　第三附屬學校　台北第二尋常高等小學校　分教場，共有四個層次。日治初期，國語學校可說是總合教育中心，分枝出去長成一大串小學與中學程度的學校。「尋常高等小學校」是尋常小學校、高等小學校合稱，尋常小學校相當於現在的小學（六至十二歲），

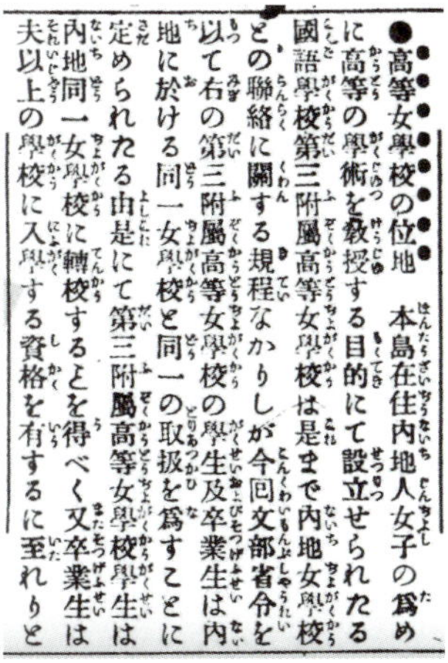
●高等女學校の位地　本島在住内地人女子の爲めに高等の學術を教授する目的にて設立せられたる國語學校第三附屬高等女學校は是まで内地女學校との聯絡に關する規程なかりしが今回文部省令を以て右の第三附屬高等女學校の學生及卒業生は内地に於ける同一女學校と同一の取扱を爲すことに定められたる由是にて第三附屬高等女學校學生は内地同一女學校に轉校することを得べく又卒業生は夫以上の學校に入學する資格を有するに至れりと

圖 3：殖民地、內地高等女學校地位相同的報導。來源：〈高等女學校の位地〉，《台灣日日新報》（1905.4.20）。

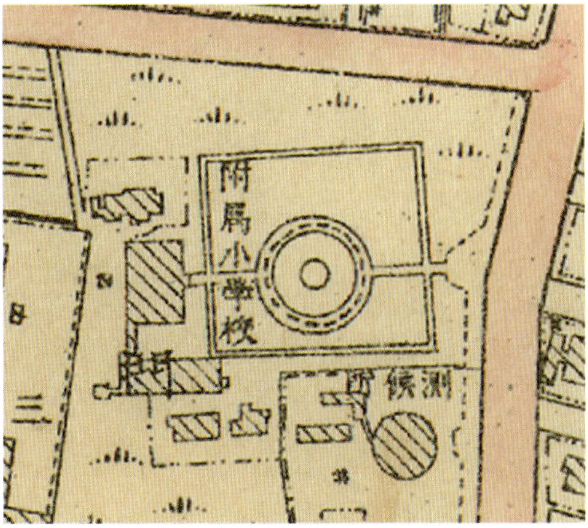

圖 2：台北市區改正圖（1905）。標示「附屬小學校」即北一女中至善教學區相同位置。地圖下方「測候所」即交通部中央氣象署。來源：中研院台灣百年歷史地圖。

高等小學校相當於現在國中前兩年（十二至十四歲），因為校園常在同一處，所以合稱尋常高等小學校，實際上包含初等與中等教育階段。一九〇四年十月，台北第二尋常高等小學校新增分教場（分校），即北一女中前身。分校成立後便未有遷移，位於今日北一女中校園至善教學區。反而分教場上一層級的小學校，隔年便遷至東門城外，新建校舍，先後稱城東尋常小學校、旭尋常小學校，即今日東門國小。

約略校區分離同時，體制上分教場也脫離小學校，先後成為總督府國語學校、總督府中學校（現為建國中學）的附屬高等女學校。雖然不是獨立的一所學校，但學制已與日本內地接軌，是四年制的女子中等教育（十二至十六歲），相當於現在國一至高一階段。

全台唯一時期（一九〇九至一九一七年）

一九〇九年四月，台灣總督府高等女學校成立，擺脫附屬、成為一所獨立學校，尾田信直也從主事（即主任）扶正為校長。高等女學校直接隸屬全台最

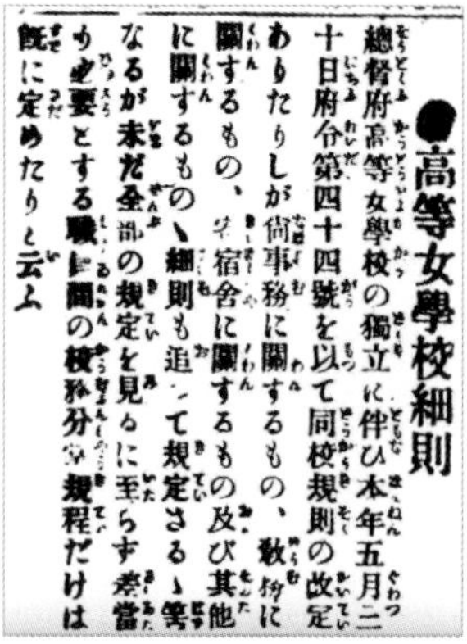
●高等女學校細則
總督府高等女學校の獨立に伴ひ本年五月二十日府令第四十四號を以て同校規則の改定ありたりしが倚事務に關するもの、教務に關するもの、寄宿舍に關するもの及び其他に關するもの丶細則も追って規定さる丶筈なるが未だ全部の規定を見るに至らず差當り必要とする職員間の校務分掌規程だけは既に定めたりと云ふ

圖4：總督府高等女學校獨立後，學校法規也重新調整。來源：《台灣日日新報》（1909.9.5）。

高行政機構總督府，這是校史一百二十年學校位階最高的時刻。而且放眼全台灣，尚無第二所高等女學校，是全台唯一。所有小學校畢業之內地人女子，就算住在台南，島內唯一升學管道就是總督府高等女學校。所以學寮（學生宿舍）占校園很大一塊範圍。一九一一年四月九日《台灣日日新報漢文版》〈女學校之近況〉提到：「六日，由台南方面而來之生徒，亦使之入學，同日開校授業云。該校生徒，甚為增加，因之學寮大為狹隘。現在新入寮志願者，達三十名之多。爰將應對室、食堂等，臨時設備，以收容該入寮志願者云。」反映

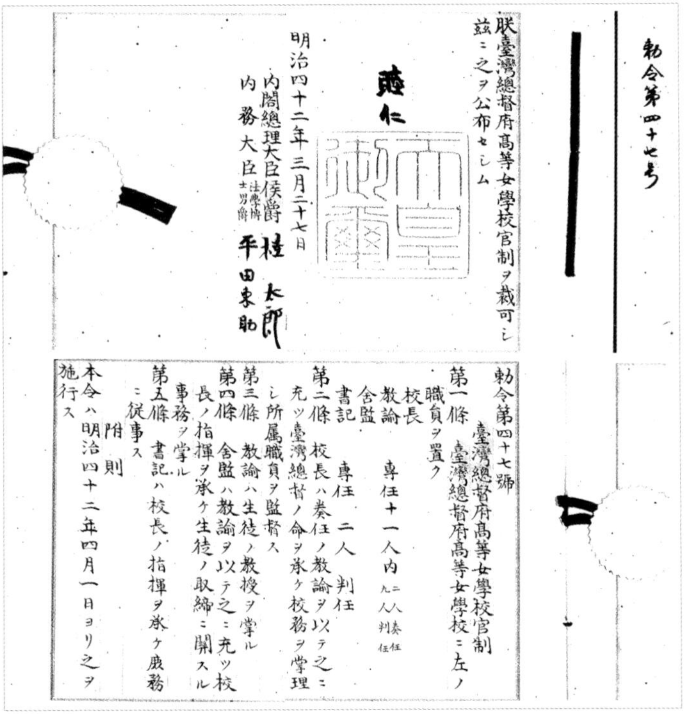
勅令第四十七号

朕臺灣總督府高等女學校官制ヲ裁可シ茲ニ之ヲ公布セシム

睦仁

明治四十二年三月二十七日

内閣總理大臣侯爵 桂太郎

内務大臣 法學博士男爵 平田東助

勅令第四十七號

臺灣總督府高等女學校官制

第一條 臺灣總督府高等女學校ニ左ノ職員ヲ置ク

校長

教諭 專任 十一人内 二人奏任 九人判任

舍監

書記 專任 二人 判任

第二條 校長ハ奏任ノ教諭ヲ以テ之ニ充ツ臺灣總督ノ命ヲ承ケ校務ヲ掌理シ所屬職員ヲ監督ス

第三條 教諭ハ生徒ノ教授ヲ掌ル

第四條 舍監ハ教諭ヲ以テ之ニ充ツ校長ノ指揮ヲ承ケ生徒ノ取締ニ關スル事務ヲ掌ル

第五條 書記ハ校長ノ指揮ヲ承ケ庶務ニ從事ス

附則

本令ハ明治四十二年四月一日ヨリ之ヲ施行ス

圖 5：高女脫離附屬、獨立成為一所學校的正式文件。來源：〈台湾総督府高等女学校官制・御署名原本・明治四十二年・勅令第四十七号〉（1909.3.27）。

全台唯一高女的甜蜜負荷。

根據一九一一年《台灣》雜誌的報導，當時總督府高等女學校與總督府國語學校、總督府醫學校（台大醫學院前身）、總督府中學校並列為台北四大學校，可見地位之隆重。

一九一一年二月的《台灣日日新報》，曾報導我們新出版了一本《台灣總督府高等女學校一覽》，可惜現在似乎已經找不到了，不然會有更多此時期史料可稽。

台北第一時期（一九一七年以後）

一九一七年五月，總督府高等女學校在台南設立分教室，同年九月分教室獨立成校。為區隔同時存在的北、南兩所高女，總督府高等女學校改稱總督府台北高等女學校，台南新設者稱為總督府台南高等女學校。全台唯一地位不復存在，校史上也首度在校名出現「台北」二字。

這是台灣女子中等教育的新時代。此後五年，又再新設六所，台中、彰化、嘉義皆有高等女學校，可說遍地開花。

一九一九年，台北設立第二所高等女學校，命名一開始還未採取編號方式，為了跟第一所高女區隔，取名為「台灣公立高等女學校」。直到一九二一年，台北兩所高女改隸台北州，我們改校名為「台北州立台北第一高等女學校」，台灣公立高等女學校也改校名為「台北州立台北第二高等女學校」。我們的校名中既有「台北」，也有「第一」，此後始終不變，已逾百年。

往後再有校名改動，只是地方行政區劃的調整：戰前是台北州，戰後是台北市，校名跟著從州立、省立一路走到直轄市立。

學制的變動比較大。戰前高等女學校是四年制，相當於國一至高一（十二至十六歲），補習科多讀一年，相當於高二（十六至十七歲）。戰後中等學校採初中（國中）三年、高中三年制，初級中學相當於國一至國三（十二至十五歲），高級中學相當於高一至高三（十五至十八歲）。省立時期的「台灣省立台北第一女子中學」兼辦初中、高中。一九六七年台北升格直轄市，改校名為「台北市立第一女子高級中學」，專辦高中。此後校名不變，至今已近六十年，是我們使

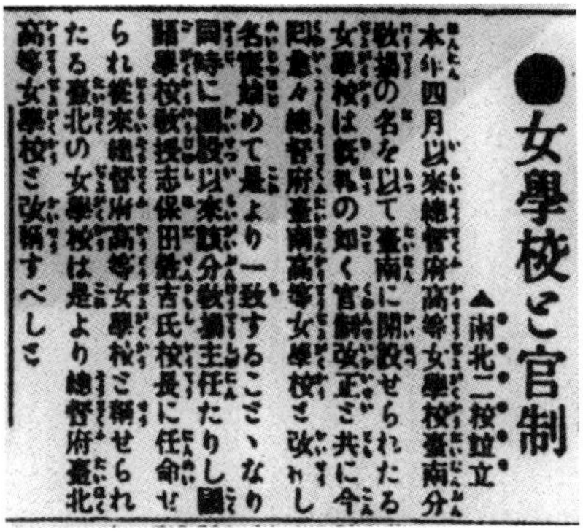
●女學校と官制
▲南北二校竝立
本年四月以來總督府高等女學校臺南分教場の名を以て臺南に開設せられたる女學校は既報の如く官制改正と共に今回愈々總督府臺南高等女學校と改れし名實始めて是より一致することゝなり同時に開設以來該分教場主任たりし國語學校教授志保田鉎吉氏校長に任命せられ從來總督府高等女學校と稱せられたる臺北の女學校は是より總督府臺北高等女學校と改稱すべしと

圖6：南北二校竝立。來源：《台灣日日新報》（1917.9.30）。

用最久的校名，遠遠超過其他校名使用期間。

附帶提北一女中校名兩件要事：一是戰後校名保住「第一」，另一是校名的簡稱「北一女」、「北一」。

戰後日本，學校紛紛改名，編號校名成為過去式。反而在台灣，為了「第一」校名，多地上演爭奪戰。戰前州立台北一中以內地人為主、台北二中以本島人為主，戰後校名一度對調，最終分別改訂校名為建國中學、成功中學。至於戰前州立台南一中、台南二中，戰後對調校名至今。

女校方面，台南一高女戰後成為台南二女，台南二高女成為台南一女，一九四七年兩校合併為台南女中，第一、第二校名均不復存在。戰前台北，一共有四所州立高等女學校。戰後內地人引揚歸國，內地人為主的一高女、二高女、四高女留下來的本島人學生，集中在原一高女校園上課，人數不多。原本以本島人為主的三高女，則幾乎無變動。依戰後形勢，三高女確實很有機會爭取到「第一」校名。但我們戰後首任校長胡琬如擁有政治影響力，意見可直達行政長官陳儀，為學校保住了「第一」校名。高女戰後校名演變如表3所示：

本書為了行文方便，高女、一高女、台北一高女、北一、北一女、北一女中幾個校名簡稱交互使用，只要在文字脈絡中不至產生誤解，就不多言。大致說來，戰前最常使用一高女簡稱，戰後最常使用北一女簡稱。

查閱史料過程中，發現戰前在一九二〇年代以後，意外地已經開始使用「北一女」簡稱，頻率還不低。使用場合通常在跨州廳的中等學校校長會議、各項體育競賽，使用這個簡稱是為了方便區隔校名。譬如北一女、南一女，在自己的州轄境內，都稱一高女，一旦跨州同列，校名就會混淆，簡稱由此而來。

我們的極簡校名是「北一」，例如北一女中開放式課程（tfgcoocs.fg.tp.edu.tw），也喚作「北一」酷課師課程。「北

全島籠球
選手權大會
女子部—北一女
男子部—北一師 優勝

全島籠球選手權大會は四日午前八時より男子は高校屋内コート女子は北一女屋内コートに於て擧行せられたが女子部は北一女A組優勝し男子は北一師の優勝に歸し谷本會長の閉會の辭あり優勝盃の授與を終つて午後五時閉會した

（FDはフヰールドゴールFTはフリースローゴールFLはファウル）
第一次戰
北一師 20 31—14 13 擴星
芳蘭 6 25—8 22 高校
帝大 35 33—13 4 北一中

圖 7：全島籠球（籃球）選手權大會「北一女」優勝。來源：《台灣日日新報》（1931.10.5）。

創立	學生	台北州立	台灣省立	台北市立
1904 年	內地人	台北第一高等女學校	台北第一女子中學	第一女子高級中學
1919 年	內地人	台北第二高等女學校	廢校	
1897 年	本島人	台北第三高等女學校	台北第二女子中學	中山女子高級中學
1942 年	內地人	台北第四高等女學校	廢校	

表 3：台北四所高等女學校校名演變

一」這個稱呼之所以成立，是因為戰後不久，台北一中／北一中校名已經消滅，我們因而毫無懸念地使用這個不必標示性別的校名簡稱。

二〇二三年十二月，北一女中新本館（光復樓）古蹟修復完成後，入口玄關灰黑牆面有沉穩的金色「北一女」三字。光是這三個字，就足以串起學校兩個時代的歷史。

參考資料

• 葉高華，〈台北一中改名建中？〉，網址：medium.com/@kohua.yap，最後瀏覽時間：二〇二五年二月十一日。

圖 8：新本館入口牆面有醒目「北一女」三字。筆者攝於 2023 年 12 月 25 日。

反映時代的治校風格：校長篇

高女創校日在一九〇四年十月三日，是多年後追溯認定。當天實際創立的是分教場，只是一所分校，或者特定學制的一個班級，負責者是「主事」（分校校長或班主任），不是校長。直到一九〇九年四月一日台灣總督府高等女學校成立以前，有過中村忠誠、山崎勇、脇野つい、尾田信直四位主事。

依照百年校史《典藏北一女》，首任校長尾田信直任期從一九〇七年起算。但一九〇七年尾田的職稱並非校長，而是主事。

歷代校長

就任月日	氏名
明治三十七年十月三日	中村忠誠
同三十八年三月二十四日	山崎勇
同三十八年九月十八日	脇野つい
同四十年三月一日	尾田信直
大正七年十二月四日	秋吉音治
同十年四月六日	清水儀六
昭和六年八月三十一日	浮田辰平
同十二年四月二日	松井實

圖1：歷代校長另一種排序，我們多出三位校長。來源：《台北州立台北第一高等女學校一覽：昭和十三年度》（1938）。

如果主事任期也可以算進校長任期，那麼之前三位主事是否可比照認定為校長？

一九三八年出版的《台北州立台北第一高等女學校一覽：昭和十三年度》，一高女做了件特別的事，把附屬學校時期的中村忠誠、山崎勇、脇野つい三位主事，直接算在「歷代校長」之中。這四年半既然是「校史」，他們當然就是「校長」。按照此種還沒被官方承認的校長序列，會多出三位校長。日治時期一高女將從七位變為十位校長，加上戰後的十四位，現任陳智源校長會從第二十一任變成第二十四任。

這三位隱藏版校長，都在總督府國語學校附屬學校時期，都從國語學校派來，且都是國語學校的教授。在《創立二十五周年記念》中，收有他們的圖像，以茲紀念。

至於圖2右上的國語學校田中敬一校長，可以說是我們的「總校長」。圖2左下的「本庄中學校長」，則是總督府中學校本庄太一郎校長，也可以算是我們校長，因為在一九〇七至一九〇九年

圖 2：左上至右下為創校前三位校長／主事。來源：《創立二十五周年記念》（1929）。

間，高等女學校曾經附屬於中學校。簡言之，圖2中的每一位都是我們校長。

首任校長：中村忠誠

首任校長／主事中村忠誠，原本在總督府國語學校教授漢文，古典漢文造詣頗深。一九〇四年十月起，兼管第三附屬學校台北第二尋常高等小學校分教場一班三十三人，比較接近現在班主任概念。日本統治台灣之初，國語學校招收本島人（台灣人）學生學習國語（日語），但師生語言不通。中村忠誠這類受傳統儒學訓練、通曉漢文的知識分子因而來台，透過筆談，可以有效與本島人溝通。現今台灣文學史研究者，或許更熟悉中村櫻溪這個名字（「櫻溪」為其號）。他在《台灣教育會雜誌．漢文版》、《台灣日日新報》留有多篇文章，除了大台北遊記，也和台灣傳統文人密切交流互動，互贈詩文。

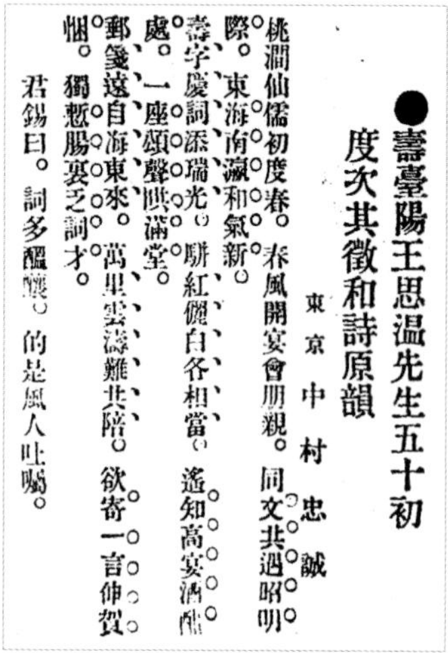
●壽臺陽王思温先生五十初度次其徵和詩原韻

東京 中村忠誠

桃潤仙儔初度春。春風開宴會朋親。同文共遇昭明際。東海南瀛和氣新。

壽字慶詞添瑞光。騈紅儷白各相當。遙知高宴酒酣處。一座頌聲哄滿堂。

郵箋遠自海東來。萬里雲濤難共陪。欲寄一言伸賀悃。獨慙腸裏乏詞才。

君錫曰。詞多醞釀。的是風人吐屬。

圖3：中村忠誠的漢詩。來源：《台灣教育會雜誌》第85期（1909）。

日治初期漢文學的興盛，與殖民者的政策鼓勵有關。北一女中創校的中村校長／主事，在台灣古典文學占有一席之地，這是校史未曾言明之事。

短暫的過渡：山崎勇

第二任校長／主事山崎勇，也是總督府國語學校教授，在台期間短暫。他的專長為數學，編有《女子幾何學大意》，與女子教育直接相關。當時我們剛改制為第三附屬高等女學校，山崎校長只主持校務半年，因神經衰弱症辭職。此後事蹟不明，或許就此離開台灣。

圖 4：山崎勇校長的《女子幾何學大意》（1900）。

唯一的女校長：脇野つい

第三任脇野つい校長／主事同樣是國語學校助教授，位階、資歷較前兩位稍淺。擔任主事共一年半，比起中村與山崎各半年任期，脇野在創立初期較為重要。特別是他來任教的一九〇五年五月，正好是分教場轉為高等女學校、制度上與日本內地完全一致的重大轉變時刻，入學者眾，班級、教員、學寮（宿舍）都在擴充中。另一個特別之處是，擔任主事前，脇野已經是高等女學校專任教師（當時稱為「教諭」），交棒給尾田信直後，又回歸高等女學校教諭，總共在高女任教十三年半，直到一九一八年底，是學校資深教師。目前少數留存創校初期師生合照，還看得見脇野教諭身影，面對鏡頭時，自然而然流露出威嚴感。

圖 5：1907 年第 1 屆畢業生合影。前排左為脇野つい，右為尾田信直。來源：《創立二十五周年記念》（1929）。

高女最初的學寮在創校次年完工，脇野つい擔任首任舍監。此後一直擔任此項工作，直至一九一八年底離開高女，同時解除舍監職務。脇野以自身生活經驗，在氣候、環境迥異於日本的殖民地台灣，扮演像母親一樣的角色，教導內地人女學生如何操持家務，做好一個良妻賢母的角色。根據第一屆畢業生高木トモ的回憶，在往後的人生道路上，脇野舍監的教導一直是重要指引。

圖2、5脇野的穿著之所以與其他校長不同，因為是女性。當時男性往往穿著洋式文官官服，女性則是穿著傳統和服。根據《台北第一高女物語》初期校友回憶，脇野つい是當時台灣罕見女性高等官。一八八五年他畢業於東京女子師範學校（戰後改名為御茶水女子大學），這所學校是明治維新後日本第一所女性高等教育機構，因此早期自然有許多傑出女性出自東京女師。很長一段時間，我們以為戰前校長都是男性，依照戰前一高女自己出版品認定這幾位主事為校長，那麼北一女中創校初期就出現過女性校長。

值得一提的是，一八八二年成立的東京女子師範學校附屬高等女學校（今名御茶水女子大學附屬高等學校），是日本第一所高等女學校。而一九〇五年由分教場改制的第三附屬高等女學校，是台灣第一所高等女學校。如今御茶高與一高女締結為姐妹校，每年定期交流，延續一百多年前脇野校長的緣分。

奠定學校基業：尾田信直

第四任校長／主事尾田信直，來台前已擔任過三所中學校長，資歷豐富。一八九九年三十歲的尾田，成為四國愛媛縣宇和島中學校創校校長，任內成立划船部，認為划船有助於學生學習。後來他在《台灣教育》刊有一篇〈大腦的活力〉，也論述肢體活動與學習的關聯。

他在內地先後擔任過山口縣豐浦中學校校長、福岡縣東筑中學校校長各約三年。一九〇七年來台後，總督府聘為國語學校教授，旋即被指派為總督府中學校附屬高等女學校主事。兩年後，高等女學校脫離中學校獨立，尾田從主事身分正式成為尾田校長。

以獨立成校的總督府高等女學校、總督府台北高等女學校計算，尾田信直擔任校長超過九年。加上之前附屬於中學校時的主事任期，共十一年五個月，是戰前一高女任期最久的校

圖 6：來台前的尾田校長。《防長肖像鑑》（1904）。

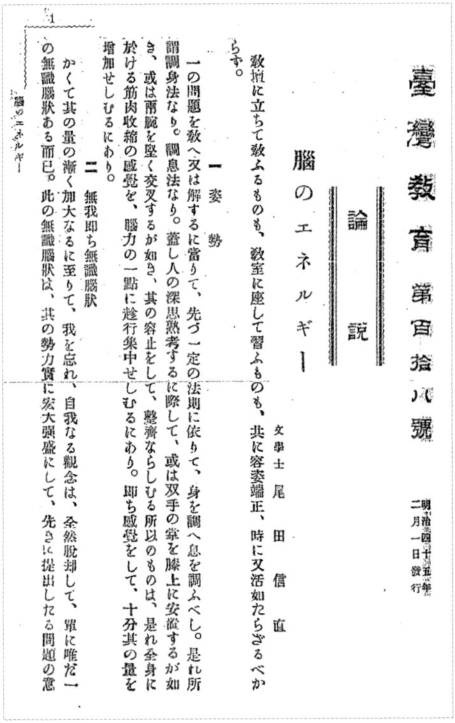
臺灣教育 第百拾八號
明治四十五年二月一日發行

論說

腦のエネルギー

文學士 尾田信直

教壇に立ちて教ふるものも、教室に座して習ふものも、共に容姿端正、時に又活如たらざるべからず。

一 姿勢

一の問題を教へ又は解するに當りて、先づ一定の法則に依りて、身を調へ息を調ふべし。是れ所謂調身法なり。調息法なり。蓋し人の深思熟考するに際して、或は双手の掌を膝上に安置するが如き、或は兩腕を堅く交叉するが如き、其の容止をして、整齊ならしむる所以のものは、是れ全身に於ける筋肉收縮の感覺を、腦力の一點に趁行集中せしむるにあり。即ち感覺をして、十分其の量を增加せしむるにあり。

二 無我即ち無識腦狀

かくて其の量の漸く加大なるに至りて、我を忘れ、自我なる觀念は、全然脫却して、單に唯だ一の無識腦狀ある而已。此の無識腦狀は、其の勢力實に宏大强盛にして、先きに提出したる問題の意

1 腦のエネルギー

圖 7：尾田信直，〈大腦的活力〉（腦のエネルギー）。《台灣教育》（1912）。

長。綜觀北一女中一百二十年校史，只有江學珠校長能超越這個紀錄。

無論從什麼角度來說，尾田信直都是奠定高女基礎的關鍵校長。創校之時，原本只有物產陳列所舊地、舊建築（初本館）。尾田校長任內，高女先後取得文廟、海軍幕僚基地，鞏固了北一女中使用至今大小與形狀一模一樣的校地。他還利用文廟舊址，大興土木起建數棟木造建築，形塑舊本館建築群，師生因而有完善的教學空間與設施。尾田校長任期大部分時間，我們是全台唯一一所高等女學校，肩負教育全島內地人女子的重責大任。

一九一一至一九二二年，尾田校長先後接受《台灣》、《台灣日日新報》等報刊訪問，暢談治校理念。尾田強調勤奮、樸素、節儉、實用等價值觀，稱之為「萬事質素勤儉主義」。

他認為高女學生應避免華麗的裝扮，以質樸為尚。學校目標在於培養女性操持家務的能力，期待學生未來能順利領導家庭，而這是一項相當艱鉅的任務。學生不應該待在舒適安逸的環境，從小就要學習如何幫助家庭，種植水果蔬菜、養雞等。學校教育不應僅限於學科知識，一定要實用，應該將每天在學校學到的知識，運用到家裡實際生活中。不意外地，當時已卸下校長職務、繼續擔任學寮舍監的前校長脇野つい，是這套教育理念的重要執行者。

尾田的治校理念，有其特殊時空背景。在殖民地台灣，內地人學生往往家境優渥，家家戶戶雇有女傭，高女學生一方面欠缺家事的磨練，一方面重視外表與物質享受。更何況全台只有一所高等女學校，學生沒有因比較而產生的競爭動力，行為舉止顯得散漫。有識之士引以為憂。於是，學校教育被寄予厚望，直接管理學生生活起居的學寮舍監更是責任重大。

尾田擔任校長的時期，剛好在一個台灣現代教育史獨一無二的時刻：台灣現代教育的開創期。這段期間，我們與國語學校、醫學校、中學校並列為四大學校，這是一種很特別的並列方式！按今日標準，高等教育位階迥異於中等教育，根本不會與混為一談。正因為是教育開創期，高等女學校的地位才特別彰顯。

此後就是台灣教育的擴張期。尾田擔任主事的一九〇七年，第一學年入學學生共六十六人；一九一八年尾田卸任，第一學年入學學生已達一百五十八人，瀕臨飽和。一九一七年，台灣有了第二所高等女學校，也就是台南分教室獨立成為台南高等女學校。原來的高等女學校也易名為台北高等女學校，以示區隔。從此台灣北、南各有一所高女。一九一九年，校址位於今日立法院的公立高等女學校成立（數年後改稱台北二高女），連台北都有了第二所高等女學校。這些都顯示尾田校長卸任前後，台灣內地人女子教育急速擴張的態勢。

尾田信直的生年似乎是個謎，我沒看過直接提及的資料。透過日本國立國會圖書館的搜尋，《第一高等學校一覽 明治十九至二十年》學生姓名預科第二級英語組，有來自愛媛縣的尾田信直，推估其出生年在一八六八或一八六九年。舊制高等學校是帝國大學預備學校，是菁英養成所，戰前第一高等學校即今日東京大學教養學部前身。尾田校長年齡之所以重要，

臺北の四大學校（上）

△女學校……醫學校▽
△中學校……國語學校▽

本誌記者

題して臺北の四大學校といふと雖も実は臺北に於ける二箇の男女高等普通教育の學校と二箇の特種教育の學校を紹介せんとするものに過ぎず、即ちこの四箇の學校が臺灣に於ける最高の學校なれば也

女學校

臺灣總督府高等女學校は今を距ること八年前即ち三十七年國語學校の附屬學校として始めて內地人女子を收容して高等普通教育を授けたのに創まり而して高等女學校なる名稱を附せられたるは其翌三十八年二月のことであるから未だ一昔にもならない譯である

當初の主事は國語學校教授中村忠誠氏是れに選ばれ其後三十八年三月國語學校教授山崎勇氏之れに當り次で四十年三月現任校長尾田信直氏が是れに代つて苦心經營年を閱みする每に年一年と發展し來り遂に今日の盛を成したのである

本校が初めて臺北に置かれた頃までは年頃の娘の子などは殆んど見ることが出來ない位であつたのが近年著るしく嫁入盛りの女子が殖えた模だ、殊に至る處で白線二條を廻らせる袴著けし妙齡の少女を見ることを以てしても如何に本校が臺灣に於ける女子教育を開發しつゝあるかゞ分明するだらうと思ふそこで本校がどの位の

卒業生を出したかといふに第一回本科卒業生十八名を出したのは四十年三月で當初三十三名の生徒の中で十五名だけ減じて居る譯である、第二回が三十三名第三回が三十六名第四回が三十四名第五回即ち本年春の卒業者はずつと增加して五十六名の多數に達して居る、而して補習科の第一回卒業生十一名を出したのは四十一年の三月で第二回が十六名第三回が九名本春の第四回卒業生が十五名である而して現在生徒數實に二百八十九名を二十一名の教諭及囑託を以て教養して居るが臺灣にもこれだけの妙齡の少女が居るかと思ふと聊か奇異の感なくんばあらずだ、

本校の校舍 元第二小學校の跡で國語學校及び測候所に隣接せる恰好の土地で當初小學校の舊校舍を其儘使用して居たが漸次不足狹隘を告げて四十年十月裁縫兼作法室一棟を增築し四十二年の三月には二階建の教室一棟が竣工し、且つ近者理科教室一棟を增築せられた、而して目下の廢十數室

臺北の四大學校 三一

圖8：本社記者，來源：〈台北的四大學校〉。《台灣》（1911）。

在於一九一八年七月他因病辭職，隨即返回愛媛縣宇和島故里。當時尾田校長不特別年老，卻突然辭官，新聞報導只是一般疾病，不知有無隱情。直接影響的是台北高等女學校校長懸缺許久，直到該年年底總督府才擇定由秋吉音治接任。長達半年的空窗期，由學校資深教師巽賢喜智代理校務。

制服改革先驅：秋吉音治

根據《人事與信錄》資料，第五任校長秋吉音治生於一八七六年，九州福岡縣人。一九〇一年，畢業於東京帝國大學國文學科。歷任島根縣立第三中學校教諭、福岡縣立明善黌教諭、福岡縣立朝倉中學校校長、大阪府立市岡中學校校長。與前一任的尾田信直類似，來台前都有相當豐富的中學校治校經驗，都是從內地精挑細選的教育人才。

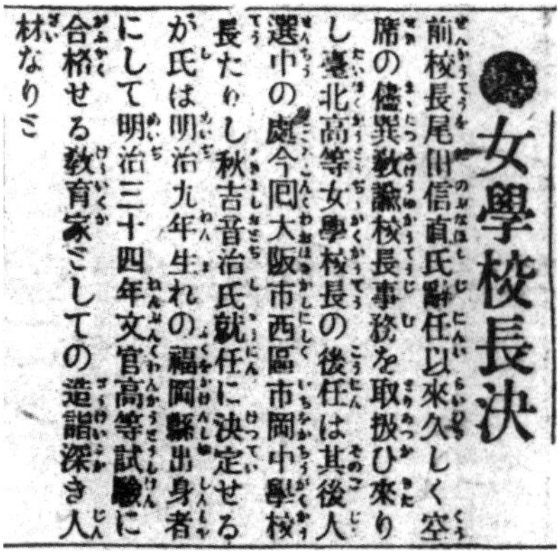

女學校長決

前校長尾田信直氏辭任以來久しく空席の儘巽教諭校長事務を取扱ひ來りし臺北高等女學校長の後任は其後人選中の處今回大阪市西區市岡中學校長たりし秋吉音治氏就任に決定せるが氏は明治九年生れの福岡縣出身者にして明治三十四年文官高等試驗に合格せる教育家としての造詣深き人材なりと

圖 9：校長懸缺已久，終於決定由秋吉音治接任。來源：《台灣日日新報》（1918.12.6）。

圖10：來台前的秋吉音至校長。來源：教育実成会編纂，《大日本現代教育家銘鑑（第2輯）》（1915）。

但秋吉音治擔任校長時的大環境，與尾田信直迥然不同。一九一八年十二月上任，正值一次大戰結束、整個世界從戰爭回歸和平之時。順應著民族自決的時代潮流，本島人的自治運動蓄勢待發。從內地吹來的大正浪漫之風也蠢蠢欲動，要重新塑造殖民地的總體生活樣貌。

秋吉校長治校理念，也與尾田校長大異其趣。一九一九年五月，上任甫半年的秋吉校長在《台灣教育》發表〈關於女子教育的思考〉（女子教育に対する感想），可以說振聾發聵。文中提到傳統上，女學生雖然在學時正常學習、生活，畢業後走入家庭卻成為籠中之鳥，被丈夫視為奴隸、被公婆使喚，這些都是東方陳腐的舊慣。現在應該要尊重女性獨立的人格，新時代應該是才學、德行、體力取勝，改造居所、環

圖11：秋吉校長在台時期全家合照。來源：《婦人與家庭》（1919）。

境，改良衣著，改善飲食，才能培養健康強壯的下一代。他還提到中等教育男、女生的差別待遇，高等女學校的英語、數學授課時數，只有中學校的一半甚至三分之一，應該將四年制的高等女學校改為五年制，提升到與中學校齊平。

在一九二〇年二月《婦人與家庭》（婦人と家庭）雜誌中，秋吉校長聚焦在制服問題，寫了〈關於女學生制服改良〉（女學生服制改良について），將和服與洋服彼此對立。提出明治時代（一八六八至一九一二年）男性已逐漸改著洋服，女性則否。和服衣料昂貴，女學生為了衣著開銷龐大，使得家庭經濟負擔沉重。和服也不利女學生體育活動、校外教學，是「鎖國太平時代的服裝、醉生夢死時代的服裝、男尊女卑時代的服裝」，而非「活動的國民的服裝、富國強兵的服裝」。女學生制服是經濟問題、健康問題、衛生問題，是學校教育的重大問題。

秋吉校長辯才無礙、用詞犀利，卻引起反對者群起攻之。〈問題之人 女學校與制服〉（問題の人女學校と制服）一文的作者不詳，文中便認為秋吉校長撰文用詞失當，如此不謹慎的態度，將導致學校教出不好的學生。此文同時也否定女學校制服改革的迫切性。

在修學旅行（教育旅行）議題上，家長與校長針鋒相對。（以下對話引自竹中信子）有家長以為：「我們要求的是以女學生安全為第一。旅行這類活動有一定的危險，你們真是愛多管閒事。高女的學生畢業後會嫁給中等以下的人當妻子，出嫁就要從夫，生活狀態端視丈夫而定。絕沒有必要把自己當作社會的一分子共同生活。校外教學的效果不過是教育家誇大妄想罷了。說是為學生好，其實是為老師們在打算吧。」秋吉校長嚴詞反駁：「他們高中畢業後不會成為中等以下而是中等以上的人的妻子。我所說的中等以上不是指收入，而是知識水準。說實在的，如果你是本校學生的家長，作為你的子

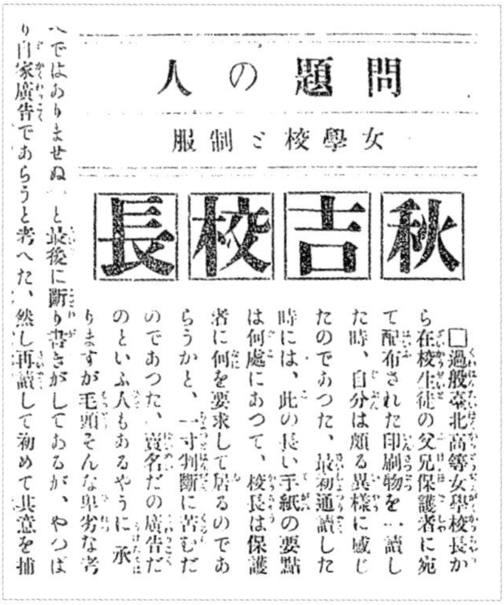
問題の人

女學校と制服

秋吉校長

□過般臺北高等女學校長から在校生徒の父兄保護者に宛て配布された印刷物を一讀した時、自分は頗る異樣に感じたのであつた、最初通讀した時には、此の長い手紙の要點は何處にあつて、校長は保護者に何を要求して居るのであらうかと、一寸判斷に苦むだのであつた、賣名だの廣告だのといふ人もあるやうに承りますが毛頭そんな卑劣な考へではありませぬ」と最後に斷り書きがしてあるが、やつぱり自家廣告であらうと考へた、然し再讀して初めて其意を捕

問題の男

秋吉君を送る

法學士 陋巷學人

三月十日午前四時余は臺中驛に於て巨大なる頑強らしい體格で顏付は相撲と云ふよりは寧ろ蠻的と云ふが適當であるかと思はれる樣な文官服を著けた一人の紳士と同一車上の人と為つた、其紳士を見送りに來て居た小豆澤英男君の紹介で右の紳士が其一兩日前臺北高等女學校

つた、相語る中に余は從前君の性格を誤解して居たことに氣付いた、余が臺北に下車して一友人に會ひ秋吉君と同車したことを話すと其友人は秋吉と云ふ男は場當的な人物だらうと云つた、余も實は同樣に想像して居たのであるが四時間の談話の交換で彼れが眞面目な教育家であることを覺つた、而して彼れが臺灣を去ることを臺灣の為めに惜しく思つた。

秋吉君の女子教育方針に對して非難攻

圖 12、13：秋吉校長受到輿論猛烈攻擊。亦有人為他辯護。來源：《實業之台灣》（1920；1921）。

女，我覺得真是可憐。」

時代會往前走，但過程常有顛簸，秋吉音治正處於起伏搖晃最劇烈的時刻。教育家的思想向前邁進，但安於現狀、不思改變的人還是很多。沒能挺過排山倒海的批評聲浪，一九二一年四月，秋吉校長黯然辭職。離台前，總督府醫學專門學校前後任校長高木友枝、堀內次雄在台灣鐵道旅館設宴送別。

此後，秋吉音治回到九州，擔任鹿兒島縣立第一中學校校長。同年，成為新成立福岡高等學校創校校長，並長期在任。戰前舊制高等學校是大學預備教育，秋吉回到內地不久，即由中學校長升任高等學校校長，治校能力不言而喻，可以說是高女改革挫敗的平反。秋吉音治也因此成為北一女歷任校長中，唯一擔任過高等教育校長的人。

幾年前到福岡，趁機走訪福岡高等學校故地六本松。戰後福岡高等學校併入九州大學，成為九大教養學部之一。但六本松校區已廢棄、交給民間開發，留下的校園殘跡不多。實際上，秋吉擔任過校長的學校多半不存，但總督府台北高等女學校／北一女中屹立不搖，留下秋吉校長勇於任事的事蹟。

秋吉校長離任時，有篇〈問題之男 送別秋吉君〉（問題の男 秋吉君を送る）刊出。作者陋巷學人認為，秋吉之所以受到報章批判，是因為他的教育觀點遠比一般大眾進步。秋吉校長曾對學生說，若默默接受父母安排的結婚對象，將來會非常後悔。不理解的人傳話給媒體，才會出現批判的聲浪。在法律已明文規定結婚完全由當事人自主決定，台灣卻出現那樣的批判報導實屬不當。真正的教育家是父母的敵人，秋吉不受歡迎便在預期之內。

民主思想、借鏡西洋、女性意識抬頭，是大正浪漫的重要元素。秋吉校長大破大立、直球對決當時的社會風氣。女學校制服改革雖然一時失敗，但兩年後的一九二三年四月，一高女確立了洋式制服，秋吉路線終究獲得勝利。

一高女的美好年代：清水儀六

尾田信直、秋吉音治兩位校長，都先有內地中學校校長歷練，然後直接派赴總督府高等女學校任職。從清水儀六校長開始，一高女校長多由殖民地台灣其他學校校長或教育單位調任，顯示殖民地中等教育體系逐漸成熟，自成系統。

第六任校長清水儀六，一八七四年生於岐阜縣，一九〇〇年畢業於高等師範學校（戰後改組併入筑波大學）文科。先後擔任山口縣師範學校教諭、京都府師範學校教諭兼任附屬小學校主事、京都市立高等女學校（現為堀川高等學校）校長兼教諭。內地教學、擔任校長經歷將近二十年。來台後擔任台南高等女學校第二任校長（一九一九至一九二一年）。一九二一年四月，繼秋吉音治成為台北第一高等女學校長。

就在這段期間，台灣整體教育環境變化快速且劇烈。一九一九年，歷經多位軍人總督後，第一位文官總督田健治郎上任，揭櫫內地延長主義，要把日本內地日本的法律、制度延伸適用在殖民地台灣。隔年台灣地方行政大改造，實施州（廳）／郡（市）

圖 14：〈台日漫画 第二卷十六号 國島水馬画清水儀六君〉。來源：《台灣日日新報》（1922.3.26）。

圖 15：一高女校長清水儀六。來源：《第22 回卒業記念寫真帖》（1928.3）。

／街（庄）三級制。因此，一九二一年五月起，高女不再直接隸屬於總督府，改歸台北州管轄，校名易為台北州立台北第一高等女學校。

圖 16：第 21 回畢業典禮，清水校長頒授證書。來源：《台灣日日新報》（1927.3.13）。

圖 17：台北州中等學校入學考試台北一高女考場。來源：《台灣日日新報》（1927.3.28）。

原來已成立的其他女學校也紛紛改名，迎接這個表面平等的新時代。一九一九年台北成立的第二所內地人高等女學校公立高等女學校，此時改稱台北州立台北第二高等女學校（一九二一年）。本島人為主的公立台北女子高等普通學校，稍後也改名為台北州立台北第三高等女學校（一九二二年）。全島官立高等女學校如雨後春筍般成立，光是一九二〇年代，就多了五所，整體數量來到十四所之多。清水儀六在《創立二十五周年記念》，把一戰結束後的這段期間（一九一九至一九二九年）稱作「擴張時代」，既是本校擴張的時代，也是高等女學校增設的時代，簡言之，是台灣女子教育普及擴張的時代。

尾田校長時期，高女是全島唯一，還擔心缺乏競爭，學生過於散漫。如今各地都有高等女學校，學校制度整齊劃一，只要有機會，台北一高女就會被拿來跟其他高女比較。

不僅如此，一九二二年的改正《台灣教育令》（大正十一年敕令第二〇號），中等以上學校實施日、台學生同校共學，台北一高女史無前例迎來首位本島人學生：霧峰林家林仲衡之女林雙彎（一九二二年三月第十六回畢業）。也在這段期間，首度聘用本島人囑託（兼任教師），包括音樂科張福興（一九二七年）、圖畫科藍蔭鼎（一九二九年）。

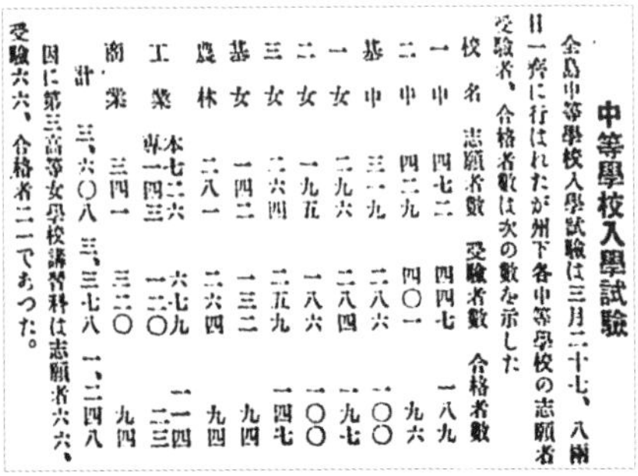

中等學校入學試驗

全島中等學校入學試驗は三月二十七、八兩日一齊に行はれたが州下各中等學校の志願者受驗者、合格者數は次の數を示した

校名	志願者數	受驗者數	合格者數
一中	四七二	四四七	一八九
二中	四二九	四〇一	九六
基中	三一九	二八六	一〇〇
一女	二九六	二八四	一九七
二女	一九五	一八六	一〇〇
三女	二六四	二五九	一四七
基女	一四二	一三二	九四
農林	二八一	二六四	九四
工業	本七二六 專一四三	六七九 一二〇	一一四 二三
商業	三四一	三二〇	九四
計	三、六〇八	三、三七八	一、二四八

因に第三高等女學校講習科は志願者六六、受驗者六六、合格者二一であつた。

圖 18：台北州中等學校入學考試報名人數與合格人數。因考試日期相同，學生只能擇一報考，競爭激烈。來源:《台北州時報》(1927.4.17)。

入學考題不難 年年入上級學校之難向上。要入學於上級兒童。皆苦於試驗勉強為是有叩於松村一中兼高等學校長、及清水第一高女學校長、小出商業教頭以本年度中等學校試驗方針。大抵各校長之新方針一致。此次為欲若干緩和。因僅限定算術國語二科目、顧受驗生及父兄。皆過於懸念無理勉強。故今次要與以不甚難為之問題。其難處讓於入學後。始與在小學校教科書之程度相當者。如是則過於無理之試驗勉強。可以不必。結局要養成實力。殊如為試驗勉強。於受驗前。有勉強至深夜。起睡眠不足。致頭腦過勞。臨時之答案。反致不成績者。大體臺灣之學生。雖一次為之。却不肯再三為之。以勉強數學。故其計算有缺確實。應用問題。亦為計算之不確實談。今問題不難。則宜確實為之之為愈也。

圖 19：清水校長向大眾呼籲入學試驗不難，勿作惡性競爭。來源：《台灣日日新報 漢文版》（1924.3.1）。

清水校長作風穩健，與秋吉校長形成顯著對比。在報刊訪問或者校長自己投書，經常引述〈教育敕語〉（明治天皇於一八九〇年頒布）、御沙汰書（天皇指示）來強化自己論點，可感受到言論的中庸、持重。但清水校長並非守舊派，仍持續推動一高女的革新，特別是秋吉校長未竟的兩項改革：一是高女學生制服由和式改為洋式，一是高等女學校學制由修業四年改為五年。

制服問題是秋吉校長黯然去職原因。當初秋吉音治站在風尖浪頭，現在清水校長只需順水推舟。大概就在秋吉校長為台灣高女制服奮戰同時，內地已經歷一場女學生制服革命。一九二〇年京都平安高等女學校率先採用水手服，不久便風靡全日本。稍後這股風氣也席捲殖民地台灣。在清水校長主持下，做了各項調查與討論，設想如何改進和式制服，最後結論是不如改成洋式。於是趁著一九二三年四月東宮行啟的機會，改著全新洋式制服，迎接皇太子來訪。在這個奉迎的神聖時刻，沒人敢多嘴。

大勢所趨，一九二三年以後，台北三所高等女學校學生都已改著洋式制服。

制服一改，學生不再被不合時宜的衣物束縛，許多束縛女性的陳腐觀念跟著動搖，眾多活動得以開展。一高女迎來體育活動、戶外活動的蓬勃發展時期：全校運動會在一九二二年十月首次舉辦；一九二三年七月學校成立游泳部，次年七月在基隆第一次開辦臨海學校，學習、練習泳技；一九二五年六月成立弓道部；一九二六年七月成功攀登帝國第一高峰新高山（玉山）。

當然，順利展開各項運動同時，仍有可能引起新聞討論、保守家長抗議，以及某些怪異現象。清水儀六在《創立二十五周年記念》中有篇〈回顧十年〉，提到一九二三年夏天游泳部成立後，因校內無游泳場地，於是安排學生在明石町水泳場（即游泳池，位於今天南陽街一帶）練習，卻造成水泳場南邊的日の丸大樓二、三樓租金暴漲！還得設置圍籬阻隔有心人窺視。還好，時間終究消融了多數問題。

〈回顧十年〉中，清水校長提到高女修業應由四年改為五年，與中學校相同。在〈年頭所感〉（《台灣教育》一九二九年一月一日），表達「雖然台灣男子教育持續擴充之中，一路來到大學（台北帝國大學成立於一九二八年，一開始只收男性）。女子教育卻是三十年如一日。」此項攸關中等教育男女平等的建議，雖然得到總督府正面回應，但當時高等女學校容量嚴重不足，當局傾向以擴充班級為優先，至於向上增設五年級一事，則始終未實現。

根據《人事與信錄》，清水儀六有三個女兒。長女清水美都在爸爸擔任校長時就讀一高女（一九二三年三月第十九回畢業），但她在一九二七年因赤痢死於台北，使校長尤其悲痛。二女清水美代也是一高女學生（一九三〇年三月第二十四回畢業），在《台北第一高女物語》留有一篇〈清水儀六略歷〉，說「心廣體胖」是父親座右銘。此語出自《禮記．大學》，比喻心胸開闊沒有煩惱，體貌自然舒泰。或許這句話，可以和清水校長治校風格相互印證。

一九三一年三月底清水儀六辭官。根據《台灣日日新報》報導，清水校長在四月二十三日離台，台北州知事片山三郎、台北帝國大學幣原坦校長都到台北驛送行，一高女學生列隊含淚送別。返回內地後，定居於京都府，不確定有無另任他職，但應該不再擔任校長。

總計清水儀六近三十年教學、校長生涯，殖民地台灣是他的教職高峰，又以在台北一高女擔任校長十年最為重要。在北一女中一百二十年校史中，只有江學珠、尾田信直的任期長

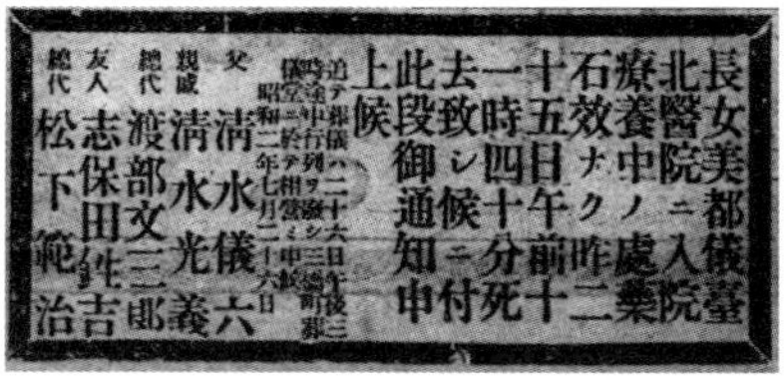
長女美都儀臺北醫院ニ入院療養中ノ處藥石效ナク昨二十五日午前十一時四十分死去致シ候ニ付此段御通知申上候

追テ葬儀ハ二十六日午後三時途中行列ヲ廢シ三橋町齋場ニ於テ相營ミ申候
昭和二年七月二十六日

父 清水儀六
親戚 清水光義
總代 渡部文三郎
友人 志保田鉎吉
總代 松下範治

圖20：〈台北第一高女校長令嬡逝去〉，《台灣日日新報》（1927.7.26）。

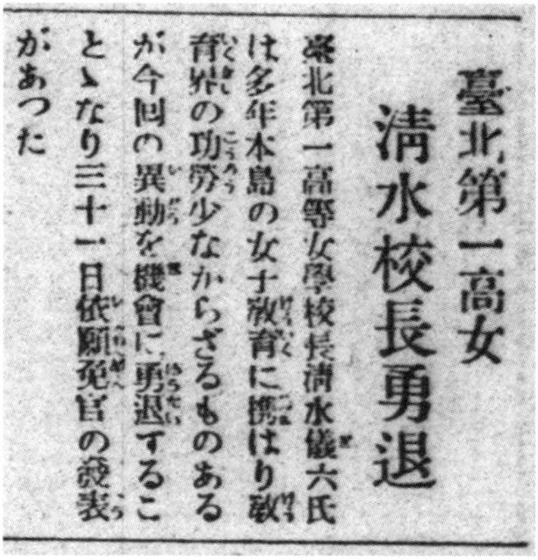
臺北第一高女
清水校長勇退

臺北第一高等女學校長清水儀六氏は多年本島の女子敎育に携はり敎育界の功勞少なからざるものあるが今回の異動を機會に勇退することゝなり三十一日依願免官の發表があつた

圖21：清水儀六辭官新聞。來源：《台灣日日新報》（1931.4.1）。

度超過他。

二〇二四年，京都市立堀川高等學校橋詰忍校長拜會北一女中，尋訪清水校長的足跡。清水儀六是堀高前身京都市立高等女學校初代校長，一九〇八至一九一九年在任。對兩校來說，清水儀六都是長期在任、具代表性的校長。百年後，兩校仍能藉由這層關係，建立友誼。

走向全新校園：浮田辰平

清水校長離職後，由教頭（教務主任）同時也是歷史教師的赤沢竹次郎代理校務。四個月後，浮田辰平接下台北一高女

圖 22：堀川高等學校橋詰忍校長來訪，與陳智源校長合影。筆者攝於 2024 年 5 月 27 日。

第七任校長。

根據《台北第一高女物語》所述，浮田生於一八八三年，東京高等師範學校國語漢文專攻。此校前身為高等師範學校，戰後改組併入筑波大學，所以一高女前、後任校長清水、浮田畢業於同校，主修領域相同，彼此是學長、學弟關係。

完成學業後，在新潟縣立三条中學校（現為三条高等學校）、母校東京高師擔任舍監，在高知縣立安芸中學校（現為安芸高等學校）、新潟縣立村松中學校（現為村松高等學校）擔任教頭，在新潟縣立新發田高等女學校（現為西新発田高等學校）首次擔任校長，之後先後在新潟縣高田師範學校（現為新潟大學）擔任教頭，在新潟縣立糸魚川中學校（現為糸魚川高等學校）擔任校長。一九二三年

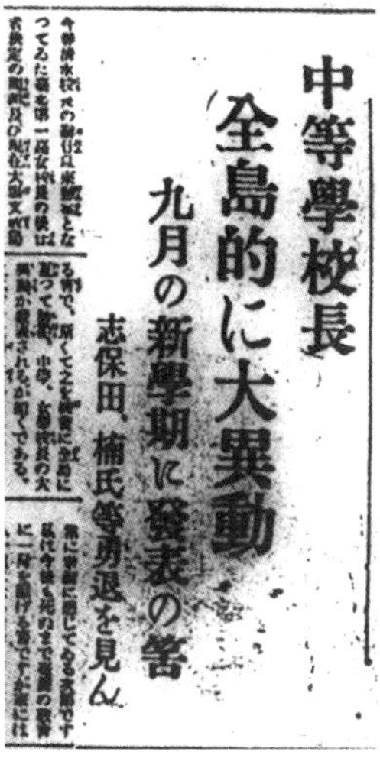
中等學校長
全島的に大異動
九月の新學期に發表の筈
志保田、楠氏等勇退を見ん

圖 23：1931 年台灣中學校、女學校校長大幅異動，包括台北一高女。來源：《台灣日日新報》（1931.8.12）。

圖 24：浮田辰平校長與正しく 強く 淑かに新校訓題字。來源：《第 28 回卒業記念寫真帖》（1934.3）。

四十歲時來台，先在台北師範學校（國語學校一九一八年後改稱）擔任教諭（專任教師），期間也兼任教科書調查會委員、教員檢定委員會常任委員、總督府視學委員。一九二七年以後在總督府任職，擔任編修官兼視學官，一九二九年起擔任文教局編修課長兼任史料編纂委員會幹事。浮田校長經歷豐富、面向多元，大致來說在文教範圍之中。

一九三一年九月起，浮田接任台北第一高女校長。這是浮田辰平職涯最後一項工作，合計五年八個月。也是他令人目不暇給的工作經歷中，任

圖 25：1932 年 9 月 15 日，新本館起建前舉行地鎮祭，彎腰者可能是浮田辰平校長。照片由北一女中校史室提供。

職時間第二長的。

當時一高女本館教學區白蟻蛀蝕已相當嚴重。原本清水校長時期已有改建打算，但還來不及付諸實行。浮田校長上任後，積極爭取經費，下定決心新築本館。一九三二年九月，舉行神道教地鎮祭後興工，一年多以後的一九三三年十一月底完工，次年一月二十七日盛大舉行落成典禮。一高女因而有了一棟現代化鐵筋（鋼筋混凝土）建築，從此擺脫白蟻啃咬木造建築的陰影。新的校門、新的校園規劃、新的師生動線設計，甚至搭配新的制服、新的正し

圖 26：新本館剛落成時的樣貌。來源：《台灣建築會誌》（1934.6）。

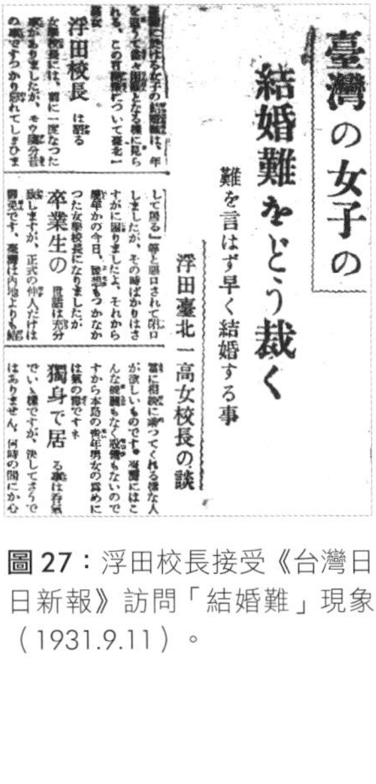

臺灣の女子の
結婚難をどう裁く
難を言はず早く結婚する事
浮田臺北一高女校長の談
浮田校長 は語る
卒業生の
獨身で居

圖 27：浮田校長接受《台灣日日新報》訪問「結婚難」現象（1931.9.11）。

Taiwan Fujinkai
島內の娘さん達の
結婚難の問題に就て
一、とにかく兩親がもつと一生懸命に嫁入口を
臺北第一高女校長 浮田辰平氏

圖 28：浮田校長在《台灣婦人界》撰文談「結婚難」現象（1936.10.1）。

く強く淑かに（正直、堅強、優雅）校訓，立於校門內的新校訓碑。在創立三十周年的一九三四年，一高女可謂氣象一新。

不僅如此，一九三五年八月，以同窗會名義在淡水海水浴場附近興建淡水會館（臨海宿舍）完工，以供夏季臨海學校之用。一九三五年十二月十二日，校內露天游泳池（今金字塔廣場相同位置）落成。這些外在的、硬體的改變，大幅改善教學環境、提升教學品質，是浮田校長最主要的貢獻。

浮田校長似乎不太有具個人特色、或者呼應特定理念之教育主張，這與前幾任校長明顯不同。秋吉、清水校長常在報刊撰文、接受訪問，對整體中等教育、女子教育或一高女教育侃侃而談，看法自成一格。浮田則否。浮田校長少數特別主動表達意見的議題，是「結婚難」。在經濟不景氣、社會快速變遷、結婚成本居高不下的一九三〇年代，男、女結婚要考慮面向更多，包括學歷、地位、財產、健康狀態，也因而更裹足不前。整體學歷提升也推遲了結婚年齡。這些問題講起來也不陌生，百年前後的問題似乎相差不多。

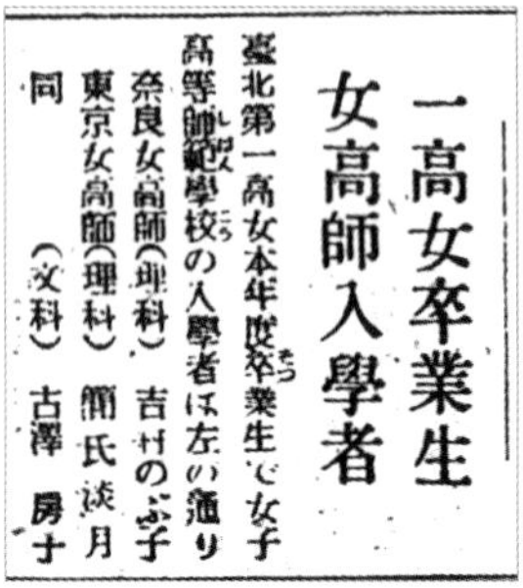
一高女卒業生 女高師入學者

臺北第一高女本年度卒業生で女子高等師範學校の入學者は左の通り

奈良女高師（理科） 吉村のぶ子

東京女高師（理科） 簡氏淡月

同 （文科） 古澤房子

圖 29：台北一高女第 27 回畢業生，有三人錄取內地女子高等師範學校。來源：《台灣日日新報》（1933.2.5）。

根據《台灣日日新報》在一九三三年調查，當年一高女兩百名畢業生（第二十七回）中，繼續升學的有六十人，進入職場的六十人，其餘從事家務，約各占三分之一。當時，高等女學校已非學歷終點，越來越多高女學生選擇繼續升學。由於到日本內地升學的管道較為暢通，因此前往者眾。例如第二十七回畢業生中，即有三位分別錄取東京女子高等師範學校（即脇野校長母校）、奈良女子高等師範學校（戰後稱奈良女子大學）。島內高女畢業生原本升學無門，直到一九三一年私立官營的台北女子高等學院（今日國語實小同一位置）成立，並招收高女畢業生後，才有女子高等教育升學管道。第一屆入學者將近半數是台北一高女畢業生。

浮田校長在一九三六年第三十回畢業典禮的致詞〈女子訓三條〉，提到女人應發揮母性，以婚姻、家庭為重，若不能守護家庭，學問、才藝也是一場空。言論顯得保守。不過，當時台灣社會，雖有新時代新風氣，對女性「良妻賢母」傳統角色定位的影響力依然巨大。浮田

男は外に 女は內に

良妻賢母が心の光です

臺北第一高女四年生 大木田鶴

「男子は外に、女子は內に……」の古今不變の原則に從ひかくれた雜多な仕事をなして敢へて不滿をする事は出來ません。國家には

男子が必要て

すその男子を一人前の男子として養ひ育てるのは誰？男子をしてあつぱれ國家の爲にその心身を捧げる樣たすけはげます者は誰？、おゝ！私共はこの重大任務を負ふべき女子として生れて來たのです。仰ぎ見ますとかすかに輝いて居た「良妻賢母」の四字も、今は遙かに光を增して心の奧底まで更に深く／＼この四字がきざみつけられる樣な氣が致します。勢よくスタートを切りませう、あの光源に向つて、あの輝かしい光の中に完全に到達した後に、社會問題、社會事業等に對して

圖 30：《台灣日日新報》訪問數所台北高等女學校學生對升學、工作、家庭的看法（1927.1.1）。

校長的女兒浮田淑（一九三二年第二十六回畢業）在〈我的第一高女時代〉（私の第一高女時代）也提到，女學校無一不以培育「良妻賢母」為目標，但當時一高女學生的自由度、獨立性可能是歷來最高的一段時間，他認為這是全體師生所共同塑造的校風。

對現在許多人來說，日治時期一高女是印象模糊、遙遠的歷史，但浮田辰平對校園的改造、新本館的興築、校訓石碑的設置，卻是進入這段歷史最具體可稽的憑藉。

戰爭動員與強身健體：松井實

一九三七年四月，已屆五十五歲的浮田校長退休，接替的是台南第一高等女學校校長松井實。

松井實一八九二年生於山形縣。根據《總督府公文類

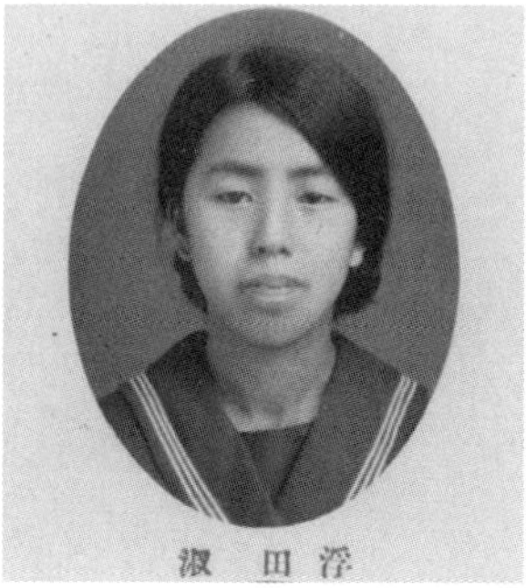

圖 31：浮田校長的女兒浮田淑。來源：《第 26 回卒業記念寫真帖》（1932.3）。

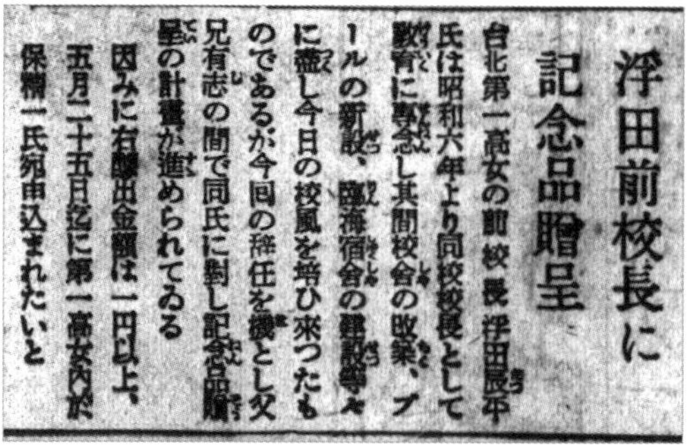
浮田前校長に
記念品贈呈
台北第一高女の前校長浮田辰平氏は昭和六年より同校校長として教育に專念し其間校舍の改築、プールの新設、臨海宿舍の建設等々に盡し今日の校風を培ひ來つたものであるが今回の辭任を機とし父兄有志の間で同氏に對し記念品贈呈の計畫が進められてゐる
因みに右醵出金額は一円以上、五月二十五日迄に第一高女内保耕一氏宛申込まれたいと

圖 32：當時人認為浮田一高女校長任內最大貢獻，與今日並無差異。來源：《台灣日日新報》（1937.4.26）。

纂》，以及一九四二年出版的《台灣人事態勢與商業界》（台灣人事態勢と事業界），一九一一年十九歲時，松井在山形縣東置賜郡屋代尋常高等小學校擔任訓導（教師）。一九一二年從山形縣師範學校第一部畢業。一九一三年入學廣島高等師範學校，一九一七年同校國語漢文科畢業。他畢業後隨即來台，擔任總督府國語學校助教授。之後十年，先後在總督府擔任視學、在師範學校（國語學校改稱）擔任教諭、在醫學專門學校擔任教授。

一九二六年，松井轉至台南第一高等女學校擔任教諭，教授修身、國語、英語等科目。一九三五年十月升任同校校長。這段期間，他的女兒松井孝子，以油畫〈雜貨店〉入選第七回台灣美術展覽會（簡稱台展，一九三三年），一鳴驚人，登上了報紙版面。接受《日日新報》訪問時女兒孝子提到，游泳隊選手練習已非常忙碌，無暇繼續鑽研繪畫。他之所以往運動而非美術之路前進，或許受到大力提倡體育教育

圖 33：松井實校長。來源：《第 35 回卒業記念寫真帖》（1941.3）。

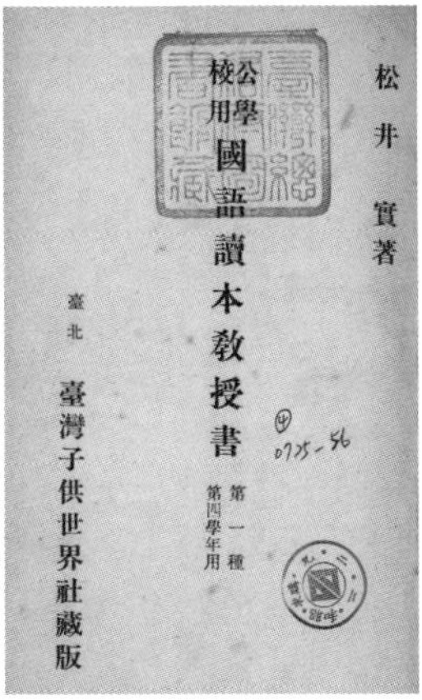

圖 34：松井實撰寫的《公學校用國語讀本教授書》（1927）。

的父親松井實的影響。

擔任台南一高女校長僅僅一年半後，一九三七年四月，松井轉任台北一高女校長。

一九三〇年代起，在經濟蕭條大環境下，世界局勢日益緊繃。殖民母國日本發動對中國戰爭，台灣煙硝味越來越濃重。一九三七年七月日、中全面開戰（日本稱為支那事變）。甫上任的松井校長，必須帶領著一高女進入「戰時體制／新體制」，也就是集體的、動員的、軍事化的生活體制。

一高女以內地人占絕大多數，師生皆然，可以說齊心協力、熱烈投入新體制之中。這和本島人為主體的其他學校，熱衷程度不同。本島人有來自唐山的血緣、文化羈絆，面對這場戰爭有可能心存疑慮。此一時期，本島人才有皇民化必要，內地人天生就是皇民，不需要「化」為皇民。松井校長在〈皇民化運動與產業報國〉（皇民化運動と

圖 35：1938 年 11 月 12 日，在新本館走廊上，松井實校長與正在製作軍用包布的學生。北一女中校史室提供。

圖 36：1938 年 6 月 11 日，松井實校長、崎山用喬教頭與學生準備前往病院慰問傷兵。北一女中校史室提供。

產業報國，一九三九年）文中特別提到，推行本島人皇民化運動時，應該寬嚴合宜，這是教育的核心。

對台北一高女來說，此時期增加了許多奉仕（軍隊服務）的機會。北一女中校史室典藏的一本相冊，內容幾乎都是松井實擔任校長期間，各式各樣的學生奉仕照片，包括：前往病院慰問傷兵、製作軍用包布、製作慰問袋、製作弓袋、製作愛國備忘錄、製作愛國封筒、製作日之丸碗（日ノ丸鉢卷）等。學校的雨天體操場也曾當成講堂，舉行慰問軍人學藝會。因為要洗濯軍衣，雨天體操場旁的空地就成了大型晾衣場。三年級的松島允（一九四〇年第三十四回畢業）提到，為了洗軍衣得放棄暑假。軍衣的布料很硬，手洗相當辛苦。四年級時，改到南門町的陸軍病院（台北衛戍病院，與今天台北市立聯合醫院和平分部同一位置）從事清潔服務。

圖 37：1937 年 9 月 7 日，陽光下正在晾衣服的學生。北一女中校史室提供。

圖 38：1938 年 10 月 8 日，台北一高女師生前往円山陸軍墓地（現為花博公園圓山園區），參加獻納式。石燈籠上刻有校名。北一女中校史室提供。

因為戰爭下的國民動員所需，一九三〇年代後期體育活動格外受到重視。培養女學生體能成為當務之急，這和一九二〇年代大正浪漫帶來的女子教育、生活鬆綁本質不同，但對女學生來說仍是好事。

整個一九二〇年代，一高女的陸上競技（即田徑）、各式球類運動發展良好、成果卓越。根據今村多美子（一九三九年第三十三回畢業）的描述，浮田校長上任後，認為女子不適合陸上競技，應該改練古箏、仕舞等，下令解散一高女陸上競技部。加上操場即將興築新本館，也缺乏運動場地，學生只能四散到其他社團。一九三七年松井校長上任後，才重新設置了陸上競技部，並迅速恢復以往榮景。

非常時局下に於ける本校の教育施設

臺北第一高等女學校

（一）國家總動員と教育の非常時體制

今我が國は支那事變に際會し有史以來の非常時に直面してゐる。その非常時たるや單に武力戰によつてのみの非常時ではない。世界大戰の際に於けるドイツの例に徵してみても近來の戰爭は武力戰以外に經濟戰、思想戰といふ極めて複雜な形態をとるものである。

も國民精神總動員運動が着々實施せられ非常時に處すべき國民の異常なる覺悟を求めつゝある。

かゝる國家總動員に當り教育者は如何に之に參加すべきか。之に對して昭和十三年九月九日の內閣告諭號外に「凡ソ難局ヲ打開シ國運ノ隆昌ヲ圖ルノ道ハ我ガ尊嚴ナル國體ニ基キ盡忠報國ノ精神ヲ益々振作シ之ヲ國民日常ノ業務生活ノ間ニ實踐スルニアリ。今般國民精神總動員

一、國旗揭揚式（君が代、宮城遙拜默禱）
一、學校長訓話
一、講演「應召七箇月を回顧して」　島田校醫
一、節約辨當（むすびの握飯）持參
一、校舍內外清掃（勤行作業）
一、一人一品獻納（古金屬の廢品提供）
一、市主催の祈願祭竝に慰靈祭に參列
一、職員生徒關係應召軍人慰問
　1　出征軍人慰問袋慰問狀
　2　應召軍人（ハンカチ、日の丸扇、慰問狀贈呈）
一、戰傷軍人慰問（花束贈呈）
一、市內戰死者遺族弔問（花束贈呈）
一、本校關係凱旋軍人慶祝（祝饅頭、日の丸扇贈呈）
一、他の團體の出征軍人慰問に參加（エハガキ五〇〇枚贈呈）

圖 39（右）：〈緊急情況下本校的教育設施〉（非常時局下に於ける本校の教育施設），《部報》（台灣總督府臨時情報部，1939.5）。

圖 40（左）：1938 年 7 月 7 日，台北一高女「支那事變一周年紀念日」行程。摘自〈緊急情況下本校的教育設施〉。

松井實熱愛運動，一九三九年開風氣之先，在一高女新成立乘馬部，學生因而有機會學習馬術。台北一高女校長工作外，他還擔任台灣體育協會排球部長，在報刊暢談戰爭新體制下，人人都應該鍛鍊體魄，排球設施簡易、成本低廉，是國民運動的優良選擇。

松井校長在公眾領域頗為活躍，在負責戰爭宣傳的總督府臨時情報部主辦活動中，他演講並錄音放送全台「時局與女學校教育」、「戰場後方女性處境與心理準備」等主題，善盡戰爭時期一高女校長鼓舞、動員女性的職責。

一九四二年四月，任滿五年、年近五十的松井實轉任新竹中學校校長，只在任一年，旋即改任高雄中學校校長，直至終戰引揚歸國。

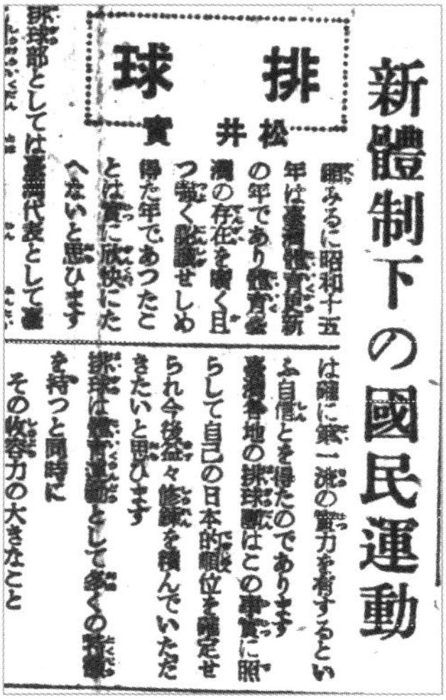

新體制下の國民運動

排球

松井實

顧みるに昭和十五年は臺灣體育史新の年であり體育協會の存在を廣く且つ強く認識せしめ得た年であつたことは實に欣快にたへないと思ひます

排球部としては臺灣代表として臺[illegible]

は確に第一流の實力を有するといふ自信とを得たのであります

臺灣各地の排球團はこの事實に照らして自己の日本的順位を確定せられ今後益々修練を積んでいただきたいと思ひます

排球は體育運動として多くの效果を持つと同時にその收容力の大きなことと

圖 42：松井實，〈新體制下の國民運動 排球〉，《台灣日日新報》（1941.1.1）。

圖 41：浮田辰平校長、松井實校長合影。來源：《台北第一高女物語》。

現在幾所日治時期創建之高中，台南女中、北一女中、新竹中學、高雄中學，松井實都擔任過校長，都會在校史提到他。但台北第一高等女學校與眾不同，是他在任最久、挑戰最大、成就也最高的巔峰時期。

空襲下的犧牲者：伊藤仙蔵

根據《台灣人士鑑》（興南新聞社，一九四三年版），一八八五年伊藤仙蔵生於千葉縣，畢業於東京高等師範學校研究科，與清水、浮田校長同校。畢業後先後任大分高等商業學校（現為大分大學經濟學部）講師委囑（委任講師）、大分縣立佐伯中學校校長、富山縣立高岡高等女學校（現為富山縣立高岡西高等學校）校長、千葉縣立長生中學校（現為千葉縣立長生高等學校）校長。長期在教育界，是內地資深校長。

圖 43：伊藤仙蔵校長。來源：《第37回卒業記念寫真帳》，（1943.3），文物所有人：秋惠文庫。保管單位：國立台灣歷史博物館。

目前查得到的資料顯示，伊藤仙藏未有在台灣他處任職紀錄，來台應該直接擔任台北一高女校長。這樣的情況通常出現在殖民統治初期，台灣教育遷調歷練體系尚未建立之時。加上他就任時已五十八歲，本該是辭官年齡卻來台任新職，推測是戰爭末期人力吃緊，伊藤校長不得不勉力為之。陳瑳瑳（一九四五年第三十九回畢業）在訪問紀錄《圓滿人生》對伊藤校長的主要印象是：「他來的時候，我看他已經很老了，大概有七十歲了吧。」綜觀整個日治時期校史，伊藤仙藏是就任時年紀最大的校長。

伊藤上任之時，已是大東亞戰爭（太平洋戰爭）爆發之後，帝國動員所有人力、動用所有資源，不論是內地還是殖民地皆全面支應這場規模空前的戰爭。新體制的實施強度、影響層面更甚以往。一高女的作息必須完全配合戰爭節奏，連部分男教師都已被徵調上戰場，正常教學已是奢談。

在《台北第一高女物語》「戰時的學校」一節，很具體地列出這段時間一高女的各種服務、動員，以及實施日期。包括病院服務、洗滌服務、部隊服務、輸血服務、稻刈服務、台灣神宮神苑服務、川端蓖麻農園作業、柳町農園作業、飛行場除草作業、雲母作業，以及博愛病院看護實習等頻繁、數不清的服務勤務。蓖麻、雲母等重要戰略物資加工及病患後送後的照顧看護，都需要龐大人力，一高女如同所有殖民地學校，得為戰爭使盡全力。

一九四三年三月，伊藤校長在〈女子教育的急務〉（女子教育の急務）一文，提到：一、為了大東亞戰爭勝利，充沛的人力供應很重要，所以女子要儘早結婚。女子教育也應該在各科目，提醒學生早婚才能提高出生率，成為母親、養育子女是身為女性的重要任務。高女同學會應該為畢業生媒合結婚對象；二、應該教導女學生教育、醫藥等各種職業的專業知識，準備在畢業後，填補男性大量上戰場所留下的空缺。不只是上課教，還要重視實習、實地考察，即學即用。他認為近代以來日本走向個人主義是錯誤的，應該檢討西方傳入的諸項運動競技是否該繼續存在。當

圖 44：1942 年一高女學生的救護訓練，地點在雨天體操場（今日學珠樓同一位置）。台灣協會典藏。

圖 45：1943 年 3 月，伊藤校長主持一高女第 37 回畢業典禮（卒業式），地點在雨天體操場。來源：《第 37 回卒業記念寫真帳》（1943.3）。文物所有人：秋惠文庫。保管單位：國立台灣歷史博物館。

前必須把個人跟家庭、國家緊密聯繫在一起，發揚日本傳統女性家事、裁縫的技能。〈女子教育的急務〉一文中呈現出伊藤校長非常保守形象，比浮田校長更為保守。伊藤真正想法不清楚，因為他在台灣留下來的言論很少，加上在這個大敵當前非常時刻，無論情願與否，都只能講出配合國策的言論。

一九四三年十一月底，台灣第一次遭遇美軍空襲。一九四四年三月，台灣被指定為戰場，戰爭倏忽來到眼前。一九四四年十月三日，是台北第一高女創立四十年紀念，雖然是重要日子，只能草草度過。一九四五年一月，美軍控制菲律賓後，以菲律賓為跳板，頻繁轟炸台灣各地，情勢緊張。根據井上清美（一九四五年第三十九回畢業，與陳瑳瑳同班）在〈我們的台北一高女時代〉（私たちの台北一高女時代）的回憶，一九四五年二月，一高女學寮關閉，住宿學生只好回家。到校學生人數變少。三月十五日，畢業典禮在戰火下舉行，缺席的學生很多，整個場地空蕩蕩的。期間還遇到空襲警報，草草發下畢業證書後便結束儀

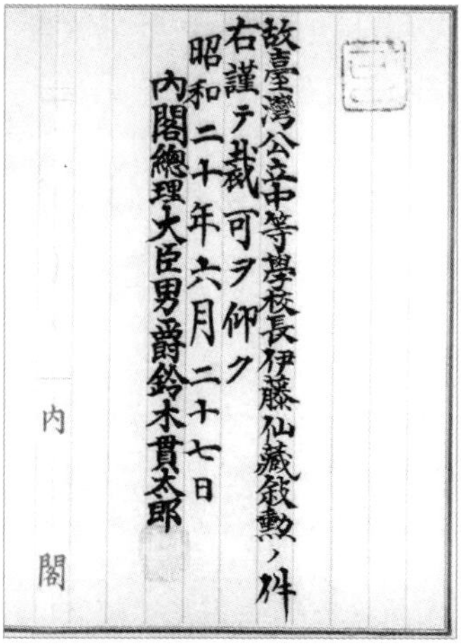
故臺灣公立中等學校長伊藤仙藏敍勲ノ件
右謹テ裁可ヲ仰ク
昭和二十年六月二十七日
内閣總理大臣男爵鈴木貫太郎
内閣

圖 46：伊藤校長殉職後，內閣敍勳。〈故台湾公立中等学校長伊藤仙蔵叙勲の件〉（1945.6.27）。來源：日本国立公文書館。

式。這也是戰前一高女最後一次畢業典禮。

五月三十一日是台北一高女命運改變的一天。這天上午十點至下午一點，美軍對台北城內統治中心密集轟炸。最初一枚炸彈落在一高女校門前方的總督府前廣場，接著就是數不清的炸彈落下。台北大空襲共造成數百人死亡，總督府嚴重受創，總務長官官邸（位於今日總統府北廣場）、度量衡所（位於今日總統府南廣場）夷為平地。校內也有多處受炸彈波及，雨天體操場被炸掉一角，水泳池周邊建築均有毀損，新本館（今光復樓）轉角處前方亦有落彈，雖然沒有擊中建築本體，卻種下此後建築傾斜原因之一。校門旁的正しく 強く 淑かに校訓碑可能也受炸彈震撼，斜倒在一旁。

空襲也造成教職員死傷。當時伊藤校長在校，當場受到重創，送醫後隔天一早不治。佐藤良教諭也肋骨瘀傷，此後不良於行。其實，距離一高女不遠的二高女（位於今日立法院），曾經擔任一高女數學教諭的吉中吾郎一校長，也在空襲中殉職。台北大空襲同時奪走了第一、第二高等女學校校長生命。今天北一女中校史室，還看得到伊藤仙藏校長照片，同時傳述他的事

圖 47：擔任一高女教務主任的吉中吾郎一。來源：《第 28 回卒業記念寫真帖》，（1934.3）。

蹟。至於吉中吾郎一校長，因為戰後二高女廢校，歷史也就乏人問津。

迎來尾聲：三浦武治

伊藤校長殉職後，三浦武治臨危受命接下校長任務。三浦校長生於一九〇二年，是校史第一位生於二十世紀的校長，只早於一高女創校兩年。三浦畢業於福島師範學校（現為福島大學）以及東京高等師範學校理科，教學、工作經歷集中在台灣。根據台灣總督府職員錄，三浦於一九二七年起即在一高女任職，長達十年。期間也在南門尋常小學校擔任訓導。一九三八年以後，在高雄州內務部教育課、台北州總務部教育課任職。一九四三年也有在海軍任職紀錄。一九四五年六月至八月擔任校長，算是重新回到一高女。此時校園滿目瘡痍，學生也無法上課，不久日本宣布無條件投降，三浦校長毫無發揮空間。

圖 48：擔任一高女地理教諭的三浦武治。來源：《第 28 回卒業記念寫真帖》（1934.3）。

日本戰敗後，曾任一高女囑託的本島人藍蔭鼎暫時代理校務。一九四五年十二月十二日，行政長官公署派胡琬如接收一高女，成為戰後首任校長，三浦武治正式卸下職務。

戰前北一女，共有十位校長，脇野つい是唯一一位女校長。由於時代觀念的局限，整個日治時期，高等女學校校長慣常由男性出任，脇野校長是非常罕見的例外，原因不清楚。

戰前，我們有兩位校長來自台南高等女學校／台南第一高等女學校，分別是清水儀六校長、松井實校長。若再加上戰後的鄭璽璸校長（一九七一至一九七八年在任），北一女中歷來共有三位校長來自台南女中，頗為特別。考量到台南高等女學校成立前，原本即是我們的台南分教室（一九一七年五月二十六日至九月二十八日），旋即獨立成全台第二所高等女學校，可見有一段時間，兩校關係比較緊密。

若要問哪一位校長任職時，是一高女最好的年代呢？這個問題恐怕仁智互見。會問這個問題，是因為我在一高女同窗會（綠會）出版的《台北第一高女物語》，看到兩則「最好年代」的評價。一則來自松下範治，他在一高女任職將近二十年（一九二〇至一九三八年），長期擔任教諭或囑託，先後與秋吉音治、清水儀六、浮田辰平、松井實等四位校長共事過。他在戰後的回憶，以制服成功改為洋式、全體教職員齊心協力為校打拚、學校少有事故發生、多次迎接皇族（包括皇太子殿下）來訪、學生運動風氣盛行等事蹟為證，認為清水校長任內是一高女的「全盛時代」。

另一則則是學生浮田淑戰後回憶。他認為昭和十年（一九三五年）前後，是一高女的「黃金時代」，新校舍、新制服、游泳池、射箭場、網球場、淡水會館（臨海學校）的設立都在這個時候，學校充滿新動能與活力。不過，因為此時校長正是其父親浮田辰平，高度評價背後應該有親情加分。

我認為清水儀六校長的十年，是一高女最好的一段時光。這除了清水校長個人的堅定理念與圓融作風，也與一九二〇年代的大正自由風氣有關。戰前校史雖然只有四十一年，但時空條件變化劇烈，每一位校長的思想與作為，都受到大環境制約。秋吉音治校長、松井實校

圖 49：1957 年，一高女同窗會於東京聚會，83 歲的清水校長（中排左二）、74 歲的浮田校長（中排左三）皆有出席。他們把最好的時光給了一高女，也造就一高女的輝煌年代。北一女中校史室提供。

	任別	姓名	出身地	出生年	原職務	到任年月
主事	1	中村忠誠	東京都	1852	台灣總督府國語學校教授	1904年10月
主事	2	山崎勇	石川縣	不明	台灣總督府國語學校教授	1905年3月
主事	3	脇野つい	長野縣	1865	台灣總督府國語學校助教授	1905年9月
主事	4	尾田信直	愛媛縣	約1868	台灣總督府國語學校教授	1907年3月
校長						1909年4月
代理校長		巽賢喜智	京都府	不明	本校教諭	1918年7月
校長	5	秋吉音治	福岡縣	1876	大阪市立市岡中學校校長	1918年12月
校長	6	清水儀六	岐阜縣	1874	台南高等女學校校長	1921年4月
代理校長		赤沢竹次郎	奈良縣	不明	本校教頭	1931年4月
校長	7	浮田辰平	岡山縣	1883	台灣總督府文教局編修課課長	1931年8月
校長	8	松井實	山形縣	1892	台南第一高等女學校校長	1937年4月
校長	9	伊藤仙蔵	千葉縣	1885	千葉縣立長生中學校校長	1942年4月
校長	10	三浦武治	東京都	1902	台北州總務部教育課地方視學官	1945年6月
代理校長		藍蔭鼎	台北州	1903	二高女、三中囑託	1945年8月

表1：戰前台北第一高女校長簡歷

長，若能給予足夠發揮的時間、空間，或許可以做得更好，在一高女留下更多不凡事蹟。最極端的狀況，有些校長甚至無從發揮，例如伊藤仙藏校長、三浦武治校長，只能屈服在戰爭節奏之下，失去了自己面貌，其中一位甚至失去了性命。

參考資料

- 王幼華，〈中村忠誠台灣漢文作品論析〉，《台灣學研究》第十四期，二〇一二年十二月。
- 〈國語學校官制沿革表〉。台師大機構典藏系統，網址：rportal.lib.ntnu.edu.tw，最後瀏覽時間：二〇二五年二月十一日。
- 竹中信子、蔡龍保譯，《日治台灣生活史：日本女子在台灣（明治篇）》。時報文化，二〇〇七年。
- 竹中信子、曾淑卿譯，《日治台灣生活史：日本女子在台灣（大正篇）》。時報文化，二〇〇七年。
- 竹中信子、熊凱弟譯，《日治台灣生活史：日本女子在台灣（昭和篇）》。時報文化，二〇〇九年。
- 王慧瑜，〈日治時期台本地區日本人的物質生活（一八九五至一九三七年）〉。台灣師大台史所碩士論文，二〇一〇年。
- 林晏，〈各式各樣、應有盡有！松井孝子的夢幻雜貨店〉。名單之後 台府展史料庫，網址：taifuten.com/story，最後瀏覽時間：二〇二五年二月十一日。

學校理想的象徵：校訓、校歌與校徽篇

創校後二十年之間，無校訓，亦無校歌、校徽（日文稱校章）。校訓首次出現在一九二五年、校歌首次出現在一九二九年，皆為清水儀六校長時期。校徽年代尚無法確認，清水校長時期可能已有校徽雛型，至一九三四年浮田辰平校長確定樣式。可參表1。

首先出現的是校訓。根據《台北

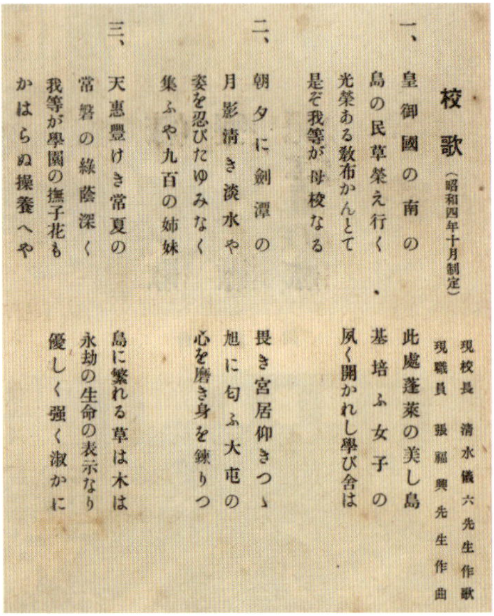

校歌（昭和四年十月制定）

現校長　清水儀六先生作歌
現職員　張福興先生作曲

一、皇御國の南の　此處蓬萊の美し島
島の民草榮え行く・基培ふ女子の
光榮ある敎布かんとて　夙く開かれし學び舍は
是ぞ我等が母校なる

二、朝夕に劍潭の　畏き宮居仰きつゝ
月影清き淡水や　旭に匂ふ大屯の
姿を忍びたゆみなく　心を磨き身を鍊りつ
集ふや九百の姉妹

三、天惠豐けき常夏の　島に繁れる草は木は
常磐の綠蔭深く　永劫の生命の表示なり
我等が學園の撫子花も　優しく強く淑かに
かはらぬ操養へや

圖1：清水儀六作詞、張福興作曲之校歌，尾句即為「優しく強く淑かに」校訓。來源：《創立二十五周年記念》（1929）。

第一高女物語》學生回憶，一九二三至一九二四年之間，清水儀六校長徵集德行標語，並按照得票數多寡排列：優しく 強く 淑かに，意思是柔和、堅強、優雅。另根據《台北州立台北第一高等女學校要覽（昭和四年）》，一九二五年五月十日，一高女正式將「やさしく強くしとやかに」列為婦德修養標語（與「優しく 強く 淑かに」相同，只是以平假名表述），這是校史正式記錄出現校訓的一天。

校歌則稍晚於校訓出現。目前所知最早的校歌，係由清水儀六校長作詞、音樂科囑託（兼任教師）張福興作曲。根據《創立二十五周年記念》，校歌制定於一九二九年十月，是為了一高女創立二十五周年所作，時間點具有特殊意義。張福興到校任職在一九二七年，校歌出現在不久之後，顯然借重他的歌曲創作長才。實際上，日治時期台灣多所學校校歌，均為張福興譜曲。

清水校長為校歌所作歌詞中譯如下：

西元	校訓	校歌	校徽
1925年	優しく 強く 淑かに（柔和、堅強、優雅）	無	無
1929年		制定	雛形
1934年	正しく 強く 淑かに（正直、堅強、優雅）	修正	制定

表 1：台北一高女校訓、校歌與校徽的出現

帝國南方　美麗蓬萊島
島民走向繁榮　培育文化女子的
光榮服裝　歷史悠久學校
是吾等母校

劍潭朝夕　敬畏地仰望宮居
月光影照淡水　朝日映染大屯
姿態含蓄　砥礪心志鍛鍊體魄
聚集了九百姊妹

天賜四季常夏　島上草木繁盛
林蔭長綠　生命永恆延續
我們女學生也有
柔和、堅強、優雅的氣質

圖2：1931年一高女音樂會，張福興以小提琴為學生獨唱伴奏。來源：《台北第一高女物語》。

這首校歌作於日治中期，相對的太平歲月。歌詞中沒有國家加諸學生的重責大任，比較多的是學校悠久傳統，以及學校對學生的期許。雖然歌詞中的校訓如柔和、優雅，強調的是傳統女性德行。「大和撫子」也是文靜、溫柔穩重、具有高尚美德的傳統日本女性代稱。但歌詞中出現的台灣熱帶意象，以及眾多台北地景，仍讓我們的第一首校歌本土味十足。

此時期的新聞報導，也曾將「優しく 強く 淑かに」代換成「柔しく 強く 淑かに」，原因不明。但「優しく」與「柔しく」意思相近，都指個性上的柔和。

一九三四年，一高女創立三十年。當年三月的畢業記念寫真帖，已出現改動後的第二版校訓，以及根據第二版校訓修正的校歌歌詞。「正しく 強く 淑かに」，意思是正直、堅強、優雅。

為何要改動校訓呢？在《台北第一高女物語》學生提及此事：因為當初徵

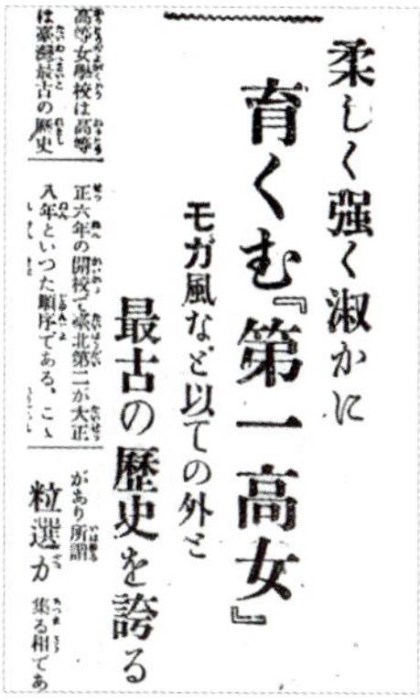

柔しく強く淑かに
育くむ『第一高女』
モガ風など以ての外さ
最古の歴史を誇る

高等女學校は高等
は臺灣最古の歴史
正六年の開校で臺北第二が大正
八年といつた順序である。こゝ
があり所謂
粒選が
集る相であ

圖3：《台灣日日新報》提到一高女的「柔しく 強く 淑かに」（1928.3.7）。

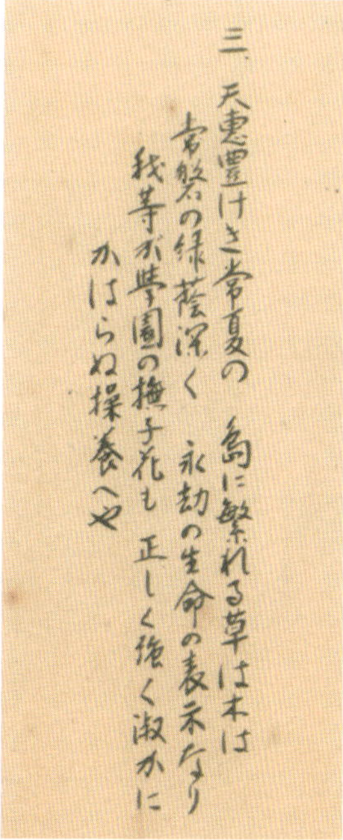

三、天恵豊けき常夏の　島に繁れる草は木は
常盤の緑蔭深く　永劫の生命の表示なり
我等が學園の撫子花も　正しく強く淑かに
かはらぬ操養へや

圖4：浮田辰平校長將校歌歌詞尾段修正為正しく 強く 淑かに。來源：《第28回卒業記念寫真帖》（1934.3）。

集德行標語時，以得票數高低排列，並未考慮標語之間的關係。而「優しく」與「淑かに」意思類似，予人重複之感。於是浮田辰平校長將「優しく」修改為「正しく」，一錘定音，成為日治後期校史最鮮明的一個段落，與眾多校友的集體記憶。

此時改動校訓，也因為學校位於一個重要的轉折點：創立三十周年暨新本館落成。一棟現代化全新校舍，搭配新的校門、新的校園規劃與新動線。連學生制服都趁此機會換了新款。

新校訓成立，同時立有石碑。正面底側有「創立卅年記念」字樣，背面刻有「昭和九年秋」。百年校史《典藏北一女》提到：「此碑取自溪石，質地堅硬，鐫字靈秀，安置於光復樓（新本館）入口右方，學生進出均須行禮致敬。」這段敘述有兩

圖 6：圖 5 局部放大。

圖 5：學生正在接力搬送慰問袋。左二學生正後方近圍牆處，隱約可見正しく 強く淑かに校訓碑。北一女中校史室提供，攝於 1938 年 8 月 24 日。

個地方容易讓人誤解：一是以為正しく 強く 淑かに校訓碑緊鄰新本館入口處右方；二是以為學生可以直接從玄關進出新本館，但日治時期只有師長、來賓可以由此出入。

在校史室查閱資料時，偶然發現有張照片的背景剛好是校訓碑（圖5、6）。由於一九三八年的校門、圍牆、圓環位置都與現在相同（對照圖7），所以現在可以比較精確地描述校訓碑的原始位置：與其說校訓碑在「新本館入口右方」，不如說在「入校門右側緊鄰圍牆處」。如果以今日校園景觀描述，就在圖7白色屋簷的會客室內。

圖 7：北一女校園近校門一帶景觀。前方是圓環，後方由左至右分別是車棚、會客室、被樹叢擋住的傳達室、校門。筆者攝於 2024 年 1 月 4 日。

一九三四年以迄日治結束，進校門後右側除了位於基座之上、略高於圍牆的校訓碑，以及樹木、植栽外，並無其他建築。以當時周邊環境來說，校訓碑對師生而言十分醒目。

從有限的校史記錄中，可以看出一九四五年五月三十一日台北大空襲，校訓碑狀況有所變化。樋口允（一九四〇年，第三十五回畢業）在〈命運之日〉（運命の日），說轟炸時校訓碑「被吹走了」；《典藏北一女》則記載：「一九四五年，美軍轟炸總督府，校園損毀甚鉅，校訓碑也失蹤。」不久改朝換代，校訓碑無人聞問，也有可能視而不見。

戰後很長一段時間，這一帶空曠無建物。直到一九八〇年代初期，在進校門右邊起建傳達室。再來就是尋獲校訓碑。《典藏北一女》同一段：「穎藏四十餘年之後，因日本校友返校參訪，終於在傳達室後方的榕樹老根纏繞處尋獲。一九九五年，飽嚐滄桑的校訓碑出土。」從一九四五年台北大空襲後校訓碑移位算起，剛好滿五十年。

跟退休工友請教後發現，校訓碑尋獲處便在現在會客室位置（會客室建於二〇〇二年，在傳達室西側，與傳達室相連）。以往根據《典藏北

圖 8：這是目前所見正しく 強く 淑かに校訓碑在原本位置最清楚照片。來源：《第 35 回卒業寫真記念帖》，（1941.3）。

圖 9：正しく 強く 淑かに校訓碑今貌。筆者攝於 2024 年 10 月 9 日。

圖 10：校訓碑背面刻有「昭和九年秋」。筆者攝於 2024 年 10 月 9 日。

一女》敘述，我想像大空襲落彈之時，校訓碑從「新本館入口右方」，受震彈飛到「傳達室後方」。以石碑重量，這段距離不算短。但也覺得奇怪，為何這樣巨大衝擊，校訓碑卻完好無損。確定校訓碑原始位置後，一九九五年尋獲位置很可能是同一地點，或者方圓一、兩公尺之內。推測一九四五年大空襲當天，校訓碑有可能只是傾倒於一旁。

石碑尋獲後，在日治時期校友積極聯繫、出資，以及鄭美俐校長（一九九六至二〇〇〇年在任）協助下，於一九九八年建校九十五周年時，與新刻「公誠勤毅」校訓碑，同立於校園靠重慶南路圍牆一側。兩碑距離不遠，正しく強く淑かに校訓碑面東北，公誠勤毅校訓碑面西南。說來戰前、戰後兩方校訓碑有著豎立時間、地點的連帶關係。此後戰前校訓

圖 11（上）：1998 年重立時的戰前校訓碑。照片由第 39 回畢業之陳秀蓉拍攝，他對重立校訓碑出力甚多。摘自 1998 年出版《台北第一高女物語》。

圖 12（下）：1998 年新刻之戰後校訓碑，位於入校門後左側綠地。筆者攝於 2024 年 1 月 5 日。

碑位置不變，戰後校訓碑在張碧娟校長（二〇〇九至二〇一四年在任）時期，移至校門內北側迄今。

浮田校長改動校訓，不只立有石碑，還確認校徽（校章）。校徽由三個勾形合組，可以是各自獨立線條，也可以一條線串連起三個勾形。每一個勾都由細到粗，轉折後由粗到細。三個勾代表校訓的三個部分：正しく、強く、淑かに。大致可分為胖、瘦兩個版本，在校友出版的《台北第一高女物語》中，兩者都有圖示（見圖13）。

目前所見物件，如畢業記念寫真帖、寫真帳封面是胖版校徽，校旗也是胖版校徽。而制服上衣左方口袋處繡的是瘦版校徽。

或許手工縫繡校徽標準化難度較高，也或許學校容許校徽一定程度的變形，制服上的校徽結構往往比較鬆散，甚至像是胖版校徽的簡約版，線條短省不少。

圖13：胖、瘦兩種版本校徽。來源：《台北第一高女物語》。

圖14：《第28回卒業記念寫真帖》（1934.3）封面，可見校徽，這是目前幾本一高女畢業記念帖首次出現校徽。「2594」是日本皇紀紀年。

圖 16：台北一高女校旗，隱約可見校徽。《第 37 回卒業記念寫真帳》（1943.3）。文物所有人：秋惠文庫。保管單位：國立台灣歷史博物館。

圖15：1936年4月，剛入學第37期一年南組學生。制服白上衣可見深色校徽圖案。前排右一是本島人學生劉秀芬。北一女中校史室提供。

圖 17：古蹟修復後之新本館，新設的燈具上有瘦版校徽圖案，但上下顛倒。筆者攝於 2023 年 12 月 19 日。

一九三四年以後，校徽圖案代表正しく、強く、淑かに，應無疑義。但清水儀六校長時期，一九二九年庭球（即網球）選手服裝上，已有與後來校徽極為相似圖案，不清楚是否為校徽，也不清楚是否代表當時校訓優しく強く淑かに。這一段從清水到浮田校長的校徽演變過程，以及校徽與校訓的對應關係，有待進一步查考。

圖 18：1931 年台北一高女陸上競技部（田徑部）選手合照。可見與後來校徽近似圖案。北一女中校史室提供。

西風東漸下的衣著：校服篇

台北一高女校服轉變劇烈。從最初的和服走向洋服，再走向水手服（セーラー服），最後幾年受戰爭影響，穿起國防色燈籠褲（モンペ）。整個走向，與台灣、內地高等女學校同步，改動時間亦相仿。

校服改易，與校史幾個重要段落相呼應。三個關鍵的年份：一九一九年、一九二三年、一九三四年，分別是秋吉音治校

形制	和服	和服改良	洋服	洋服（水手服）
採用	一九〇六年	一九一九年	一九二三年	一九三四年
帽	無		圓帽 （夏）白色 （冬）紺色	圓帽 （夏）白色 （冬）紺色
上身	和服 樣式、顏色無規定		洋服 衿三條白線 （夏） 衣白色、衿水色 （冬） 衣紺色、衿紺色	水手服 衿三條白線 （夏） 衣白色、衿紺色 （冬） 衣紺色、衿紺色
下身	袴海老茶色 袴擺三條白線	袴長改短	裙 （夏）水色 （冬）紺色	裙 （夏）紺色 （冬）紺色
鞋	草鞋、木屐	布鞋、皮鞋	布鞋、皮鞋	布鞋、皮鞋

表 1：歷次校服款式、顏色的轉變

長上任、東宮行啟、新本館落成，都是一高女歷史上最重要的段落。校服轉變概況可見表1。

日式制服：和服（袴）

明治維新後的日本，向西方學習，開啟現代教育。女學生一開始穿著和服，但為活動方便起見，下身有時也改穿寬鬆的袴（はかま，分腿的寬鬆褲子）。但袴原為男子服裝，若女子著男裝便會遭受輿論抨擊。十九世紀末，改良後的行燈袴（あんどんばかま，不分腿的寬鬆褲子，類似長裙）也就是女袴問世，迅速在內地女學校流行。未久，位於殖民地台灣唯一一所高等女學校，創校初期，即採用海老茶色（近咖啡紅色）行燈袴為制服。

一高女的《創立二十五周年記念》「沿革」部分（相當於大事紀），提到一九〇六年三月二十八日制定「生徒袴の徽章（裾に白線三筋）」，意思便是袴的下襬，飾以三條白線。上身穿著和服，樣式、顏色則無特別規定。這裡要特別指出，一高女官方各式出版品難得提到校服規定，往後各次校服改動均不見「沿革」紀錄，此條規定在校史中顯得突出。尚不清楚這條規定特別標記在「沿革」的原因。

《創立二十五周年記念》有張照片（圖1），見證高女校服剛制定時的歷史。照片從較高較遠處拍攝，學生分成數群，站立於校庭之中，是現在至善樓金字塔廣場相同位置。後方建築即高女最初校舍：物產陳列所（初本館）。照片稍模糊，又是遠景，但仍能看到學生深色袴擺明顯的白線（袴章）。上身和服則有深色有淺色，並未統一。

圖2中這群「大正時代的學生」，拍攝時間在一九一〇年代。上身和服多為深色，花色各自不同。所有學生行燈袴都可見腰帶，袴擺都有三條飾線（前排唯一例外者，似乎是教諭脇野つい）。儘管是黑白照片，仍可明顯看出袴的顏色參差。照片也清楚拍

圖1：這是高女最早的校服影像，從「國語學校第三附屬高等女學校」字樣，可推知照片時間在1907年5月以前。來源：《創立二十五周年記念》（1929）。

圖2：這張照片標記為「大正時代的學生」（大正時代の生徒たち）。照片出自《台北第一高女物語》。

到鞋子樣式，分趾襪加涼鞋或木屐（足袋草履、下駄），白色居多。少數黑色鞋則不容易確定樣式。

髮型值得一提，雖然不在校服範圍，仍與服儀相關。根據村上八重（一九一二年第六回畢業）的描述，當時流行「二〇三高地髻」，女子把頭髮全部往上梳成一座小山。這樣的髮型，得名自日露戰爭（即日俄戰爭，一九〇四至一九〇五年）時，乃木希典將軍犧牲大量官兵才攻克的旅順二〇三高地。這張照片眾女子一致的二〇三高地髻，予人強烈視覺印象。

和服改良

明治新式教育下，為提升女子活動力，行燈袴於焉誕生。在時代劇烈變遷下，不過二十年，行燈袴已成為女學生活動的障礙（圖3、4）。

圖3：1913年的庭球（網球）競技，學生穿著和服競賽。照片地點是舊本館中庭。來源：《創立二十五周年記念》。

圖4：舊時學生修學旅行，拖曳著長裙，參與動態課程頗有妨礙。來源：《婦人與家庭》（1920）。

殖民地台灣的制服改革在台北一高女發動，改革者是一高女校長秋吉音治。這在校史是重要且別具意義的一頁。

一九一八年年底，秋吉校長就職，雖然是首次擔當女校校務，卻迫不及待要實踐女子教育理念。隔年五月發表的〈關於女子教育的思考〉（女子教育に対する感想），提到女性健康強壯才是根本，只有身體的健康，才有行動的自然、活潑、敏捷，連帶提升品性與智力。除了改造住居、選擇食物，衣服也有必要改良。

一九一九年，秋吉校長決心更改一高女校服樣式，雖然維持和服、行燈

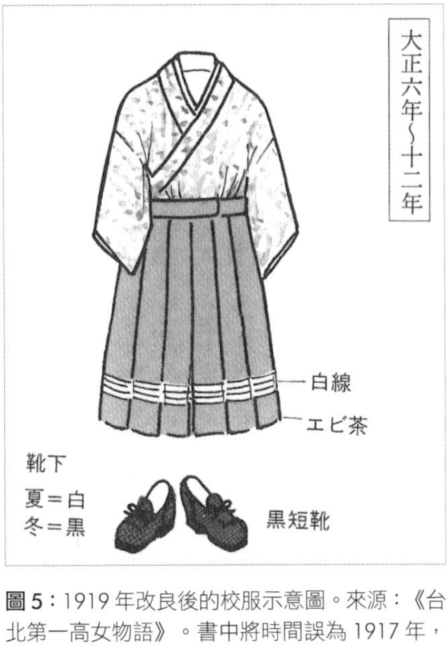

圖 5：1919 年改良後的校服示意圖。來源：《台北第一高女物語》。書中將時間誤為 1917 年，《典藏北一女》也跟著誤記。

圖 6：學生穿著改良後校服獨照。來源：《台北第一高女物語》。

袴，袴長卻從幾乎及地的腳踝，改短至小腿高度，根據高良節（一九二二年第十六回畢業）所言，膝下三寸是標準長度。同時廢止草鞋、木屐，一律改穿皮鞋。根據教頭松下範治的形容，學生制服改變後，動作也跟著輕快起來。學校還特別請刑務所製作校服，以降低成本。每套價錢在兩圓八十錢至三圓之間，減輕家長購買制服的經濟負擔。

袴長一改短，學生家長立刻抗議，說要「養野丫頭很困難」（お転婆養成は困る），衛道人士也投書報紙抨擊。當時是一個不斷引進新思想的時代，也是新、舊思想激烈交鋒的時代。某些人頑強地捍衛舊秩序，認為女子就該有某種特定樣貌。與男子教育相比，女子教育在迎向新時代時的阻力更大，改革因而更加艱難。

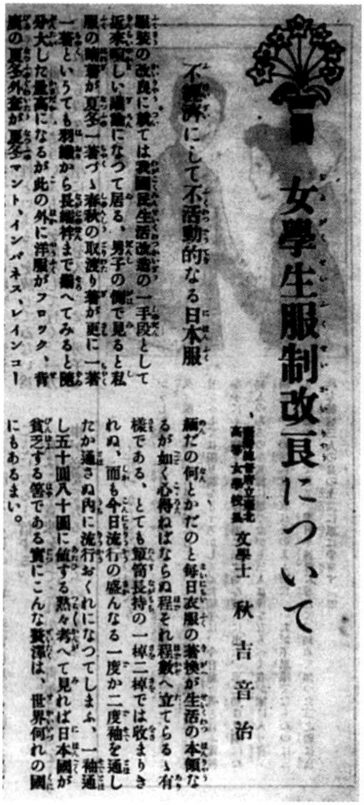
女學生服制改良について

[illegible] 文學士 秋吉音治

不經濟にして不活動的なる日本服

服裝の改良に就ては我國民生活改善の一手段として近來喧しい議論になつて居る、男子の側で見ると私服の晴著が夏冬一著づゝ春秋の取渡り著が更に一著といふても羽織から長襦袢まで揃へてみると隨分大した量高になるが此の外に洋服がフロック、背廣の夏冬外套が夏冬マント、インバネス、レインコー

編だの何とかだのと毎日衣服の著換が生活の本領なるが如く心得ねばならぬ程それ程數へ立てらるゝ有樣である、とても簞笥長持の一棹二棹では收まりきれぬ、而も今日流行の盛んなる一度か二度袖を通したか通さぬ内に流行おくれになつてしまふ、一袖通し五十圓八十圓に値する熟々考へて見れば日本國が貧乏する筈である實にこんな贅澤は、世界何れの國にもあるまい。

圖 7：秋吉音治的〈關於女學生制服改良〉，《婦人與家庭》（1920.2）。

但這只是秋吉校長校服改革的第一步。一九二〇年二月刊出的《婦人與家庭》（婦人と家庭），秋吉校長聚焦在制服問題，寫了〈關於女學生制服改良〉（女學生服制改良について）

一文，完整提出他的制服改革藍圖。他徹底否定和服作為學生制服的正當性，認為和服價格高昂又不利活動，悖離世界趨勢。為了使學生活動自如，並擺脫衣料昂貴的和服，女學生制服從和服走向洋服，是為了讓生活合理、穿著樸素。

四月十四日至十六日，《台灣日日新報》三天連載秋吉校長的〈本校學生制服〉（本校生徒の制服に就て）。校長不厭其煩地以類似論點，尋求社會支持一高女校服改革。秋吉音治在報刊與反對者論戰，高女制服問題因而成為當時島嶼的熱門話題。學生都喜歡作風開明的校長，但家長反彈很大。最終，抵擋不過排山倒海而來的壓力，秋吉於一九二一年四月黯然辭官，返回內地。

北一女中校史室，庋藏一本註明昭和十五（一九四〇）年的相本，裡面有幾張「日本女性展」相片，其中一張展示一高女校服演變（圖8）。這張相片在現階段校史研究相當重要：首先，照片右邊兩套校服，由右至左，是校服從行燈袴到改短，袴長也可直接對比，旁證了一高女的校服書寫。其次，展示的校服後方有文字解說，右二解說文字為「大正八（一九一九）年」，也就是秋吉校長任期之中，而非更早。第三，正式邁入右三洋服之前，多了一張文字解說（放大如圖9），文字為「大正十年頃，和服洋服□□」。雖然放大後，仍無法看清楚校服款式細節，但似乎已經是整身洋服。松下範治提到當時洋式校服已有樣本，準備施行。高良節則提到想穿洋服的學生，可以在學校指定的洋服店製作後，自由穿著，可見一高女應該已開始試行洋式制服。大正十（一九二一）年正是秋吉音治離任的一年，照片中有解說、圖樣但無展示實品的校服，很可能是秋吉校長已規劃但未能全面實施的洋式校服。

一高女校服從和服到洋服，只差最後一哩路。

走向洋服

圖 9：圖 8 的局部放大，是秋吉校長的未完全實現的洋服夢。

圖 8：「日本女性展」其中一區展示台北一高女制服演變。相簿封皮註明昭和 15（1940）年。北一女中校史室提供。

圖 10：澁谷はる教諭。來源：《創立二十五周年記念》。

大正時代（一九一二至一九二六年），內地、殖民地社會快速變遷。隨著一九二〇年京都平安高等女學校率先採用水手服，短短數年，洋式制服席捲各地、各校。台北一高女在這股洋服浪潮中，折損一位好校長，改革受挫。但洋服既然是大勢所趨，此後便提案不斷。

一九二一年十月，秋吉校長離任只不過半年，總督府學務課召集官員、中小學校長、教師，甚至還包括好幾位裁縫師，共同討論女學校學生制服問題。出席者包括一高女資深教諭澁谷はる，他從一九〇七年起即在高女任教，見證高女制服一路以來的變遷與挑戰。會議期間還找來一高女學生試穿洋服。雖然總督府態度慎重，但最後並未達成女學校制服的統一規定，而是交由各校自行決定、辦理。女學生制服問題連總督府都覺得棘手！

再來的一年多，就是一高女校內討論、制定洋式校服的過程。在清水儀六校長主持下，避免前任校長樹大招風，小心謹慎進行著。可能在一九二二年已決定夏季校服為白色上衣、水色裙，搭配白色帆布鞋。實際施行日期，則選擇

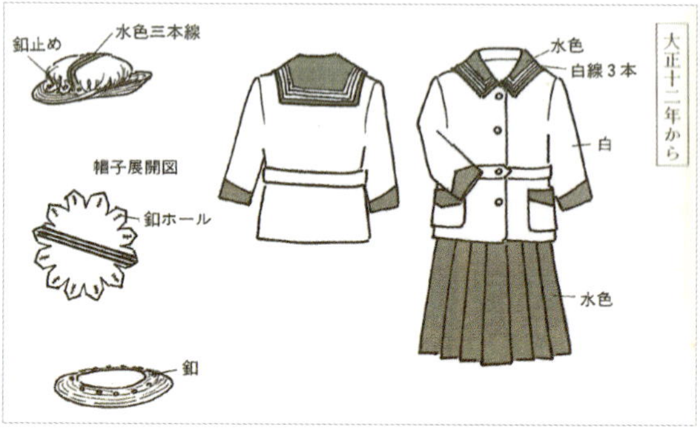

圖 11：1923 年台北一高女第一套洋式校服（夏季）示意圖。來源：《台北第一高女物語》。

圖 14（上）、圖 15（下）：南國驕陽之下，戴著白帽、穿著淺色洋式制服、手提深色書包，行走於校園的一高女學生。北一女中校史室提供。

圖 12（上）、圖 13（下）：1923 年 4 月 26 日東宮行啟，台北一高女洋式制服初次亮相。白色、水色相間，有如晴朗的天空。來源：國家攝影文化中心提供。

殖民地台灣最隆重的時刻：一九二三年四月二十六日，東宮皇太子裕仁行啟（視察）台北第一高等女學校。或許想藉此時機，降低新校服施行阻力。

新夏季校服上衣是白色女衫，衣擺外放而不內紮。搭配材質相同的白色腰帶。上衣領子、袖口以及口袋上緣都是水色（淺藍色一種），水色方領有三條白色飾線，領子後背延伸部分也是方形。裙子是水色摺裙，裙長過膝。從圖8中的左二制服便可窺知一二。

白色帽子上方有三條水色飾線，帽簷處有鈕扣與帽子相互扣合。

夏季洋式制服採用的白色、水色都是淺色系，差別不明顯。翻找資料時，因為是黑白照片時代，簡直無法辨識顏色差異。

鞋子顏色規定白色，但就算是東宮行啟這種最高等級場合，仍有學生穿黑色鞋，只是巧妙地被藏在隊伍中間，避免破壞整個白色、水色一片的淺色系畫面。

圖 16：穿著夏季洋式制服的一高女學生，正在校園攤位前大快朵頤。攝於 1930 年代初期。北一女中校史室提供。

台北二高女制服顏色、款式與一高女類似，有「撞衫」疑慮。東宮行啟一高女當天，二高女也來奉迎、奉送，兩校學生同列，從遠處看根本分不清究竟哪校學生（圖13）。於是二高女於一九二四年再次更改校服，算是我們校服款式、顏色受害者。

一高女新冬季校服，帽子與夏季同款，顏色為紺色（帶有紫色的深藍色），上方飾以三條白色線。上衣、裙子皆為紺色。衣擺外放而不內紮，與夏季校服同。上衣前襟左下右上相疊後，以雙排釦釦上（單排三個，雙排共六個釦子），再繫上同色、同材質腰帶。衣領為同色新月領，有三條白色飾線，領子後背延伸部分是小圓形（圖19、22），與夏季不同。上衣左右各有一個同色口袋。裙子是紺色摺裙，裙長過膝。搭配黑色鞋。

冬季紺色系校服與衣領、帽頂白色飾線對比鮮

圖 17：1923 年台北一高女第一套洋式校服（冬季）示意圖。來源：《台北第一高女物語》。

圖 18：穿著冬季校服的學生個人照。來源：《第 22 回卒業記念寫真帖》（1928.3）

圖 19：正在上數學課的學生。可見衣領後方是圓形，與夏季的方形迥異。亦可見學生都將辮髮盤成圓髻。來源：《第 25 回卒業記念寫真帖》（1931.3）。

圖 21：一高女師生合影。可見帽子款式、帽頂白色飾線。左一為音樂科囑託張福興。攝於 1930 年前後。北一女中校史室提供。

圖 20：浮田淑（1932 年第 26 回畢業）身著冬季制服，正在小提琴獨奏。攝於 1931 至 1932 年之間。北一女中校史室提供。

圖 22：勝山寫真館發行之繪葉書（明信片）「台北新公園音樂堂」（局部），可見兩名一高女學生著冬季制服，帽頂三條白色飾線清楚可見。來源：東亞影像集。

明，識別性較夏季制服高。

冬季制服為サージ（serge）材質，是一種雙面梭織斜紋布，廣泛運用於各種正式服裝，包括學生制服。中文從法文音譯而來，稱為嗶嘰（beige）。夏季制服未見明確標示，推測也是嗶嘰。

水手服

一九二〇年京都平安高等女學校的洋式校服，已是水手服。一九二〇年代，台灣也有少數幾所高女採用水手服為校服，如台中高女、台北第二高女，但尚不普遍。一九三〇年代，跟隨日本內地腳步，台灣的高等女學校紛紛將校服改為水手服。

一九三四年是一高女創立三十周年，也是一高女大破大立的一年。以年初新本館落成為契機，浮

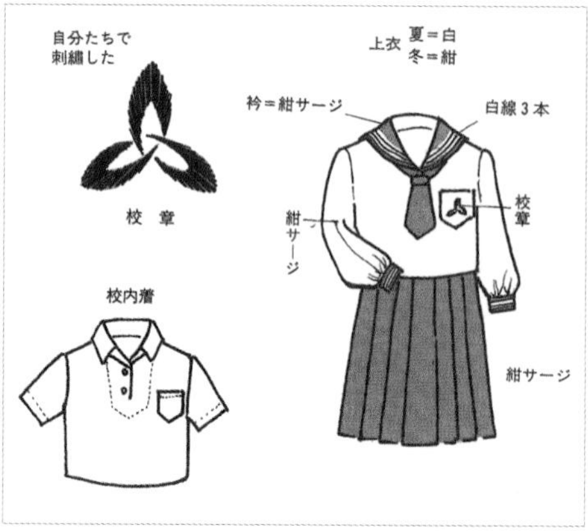

圖 23：1934 年台北一高女水手服校服（夏季）示意圖。來源：《台北第一高女物語》。

田辰平校長革新多項學校制度：一、改正制服，採用水手服，由本年入學新生開始，逐年實施；二、改正校訓，從「優しく強く淑かに」（柔和、堅強、優雅）易為「正しく強く淑かに」（正直、堅強、優雅），並勒石立碑於新校門內。二、將新校訓化為校徽（校章），繡於新制服之上。

一九二三年版洋服與一九三四年版水手服，材質相同，都是嗶嘰。冬季制服改動較小，下身的褶裙、鞋形制如舊，顏色仍是紺色，只是將上衣由新月領改成水手領，加上同色領帶裝飾。領子後背部分呈方形。水手領三條白線變粗，同時因為V字角度較新月領大，遠處看更加明顯（圖24）。水手服左胸口袋前，由學生自行繡上三個白色勾形組成的校徽。當時高等女學校多已採納水手服，顏色幾乎都是白色／紺色，分辨不同高女只能靠制服細節：衣領、袖口飾線粗細、條數；領帶顏色、款式；校徽樣式。這也是各校制定校徽，並繡於制服原因之一。

圖24：1935年學寮（住宿）生合照。雖然都是冬季制服，前排學姊穿著新月領洋服、後排學妹則穿著水手領洋服。見證校服新舊交替時刻。來源：《台北第一高女物語》。

夏季制服改動較大，廢棄白色／水色，改採白色／紺色搭配：水手服為白色，校徽為紺色。水手領子、領帶與袖口，冬、夏同款同色，皆可與上衣按壓扣合，所以可拆卸，冬、夏通用。

圓帽冬季紺色，夏季白色。材質根據《典藏北一女》所記錄，冬季為毛織法蘭絨，夏季為棉織燈芯絨（這段敘述來源應該是《杜淑純女士訪談

圖 27：攝於 1938 年 10 月 8 日。可見夏季制服背面全身。北一女中校史室提供。

圖 26：1937 年 11 月 9 日攝於校門內圓環。冬季制服帽款、紺色衣領、袖口白色飾線、胸前校徽均清晰可見。北一女中校史室提供。

圖 25：1937 年 4 月，三年北組著冬季水手制服合照（局部）。北一女中校史室提供。

圖 28（右）：陳瑳瑳（1945 年第 39 回畢業）戴上圓帽的夏季水手服照。照片來源：陳瑳瑳女士、黃隆正先生。

圖 29（左）：1937 年 4 月，一年東組著夏季水手制服合照（局部）。前排中是美術教諭名島貢，作品入選台展、帝展。北一女中校史室提供。

錄》）。帽簷較一九二三年款大，戴起來較有型、硬挺。鞋子為皮鞋或布鞋，顏色黑或白。

一九三四年新制服，還伴隨一套校內服（校內著，圖23左下）。會有校內服，是因為新本館（今日的光復樓）設計了下足室，供學生換衣、換鞋、置物。

新本館落成後，師生動線不同。校長、教師入校門後，可直接由正門、也就是玄關處進入建築，學生則不准。學生入校門後，得先向右方正しく強く淑かに校訓碑行禮。然後沿著新本館北棟外側，前行至東端生徒升降口（也就是學生專屬的出入口）。先進到下足室置物換裝，才能展開一整天的學習。以今日校園描述，學生進學校後，得沿著貴陽街一側路徑，走到光復樓郵局ATM入口，進入油印室（也就是一高女時期的下足室）。今天油印室有這麼多扇門，正因為當初用途為眾多學生進出學校的轉換空間。

圖 30：昔日下足室、今日油印室門口。筆者攝於 2024 年 1 月 19 日。

二〇二三年，是北一女中一百二十周年。校慶當天，有機會陪同陳瑳瑳學姊走過古蹟修復後的新本館一樓。學姊強調學生不能從玄關進出，須繞至後方學生專用入口。走到油印室時，學姊一度伸手開門，想一探究竟。可惜該空間內部還在整理，門鎖上未開。下足室特別和學生有關，換上的校內服雖然不對外代表學校，不必繡校徽識別，卻是新本館時期，讓校園生活輕鬆自在、學生最熟悉的一套「校服」。

戰時體制

一九三〇年代後期，台北一高女迎來新本館／水手服時代未久，時局日趨艱難。殖民地台灣必須加入帝國律定的軍事化生活體制：戰時體制／新體制。

圖 31：穿著校內服、校內鞋的學生，合影於新本館。右後方男性似乎是松井實校長。來源：《第 35 回卒業記念寫真帖》（1941.3）。

圖 32：穿著校內服、正在製作愛國筆記本（愛國メモ）的學生。攝於 1938 年 5 月 13 日。北一女中校史室提供。

時代的影響反映在服裝上，慢慢脫離以校為單位的「校」服。由總督府接手，改造全民穿著，「國」防色、燈籠褲是戰爭動員下的一環。

一九四〇年十一月，《日日新報》報導台北一高女設計適合防空訓練的新工作服（作業服），以用布減省、活動自如為原則。上衣為襯衫，領、袖收口，衣襬收進褲內。亦可選擇穿原有的制服。長褲修身但寬鬆，給予女學生足夠活動空間，並避免像男子的明顯褲子形狀。下擺貼合腳背、腳踝，褲管有一繩子繫住，使褲子與鞋子之間沒有間隙。這樣的設計，一般稱作燈籠褲（モンペ）。工作衣、褲均為國防色。

這裡有兩個地方需要解釋。一、避免男褲形狀：日本社會文化排斥女子褲裝（運動服除

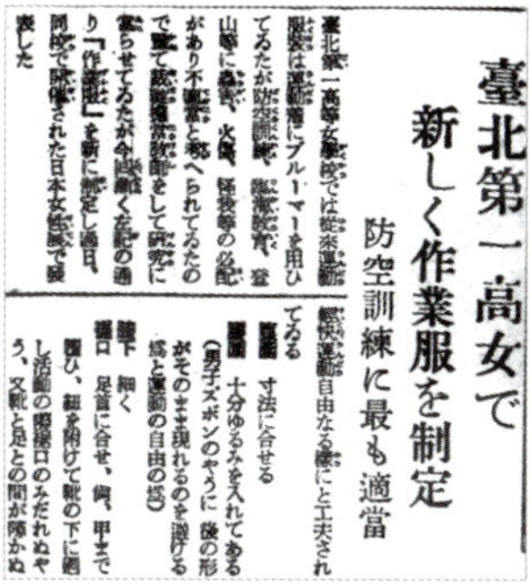

臺北第一高女で
新しく作業服を制定
防空訓練に最も適當

臺北第一高等女學校では從來運動服裝は運動着にブルーマーを用ひてゐたが防空訓練、作業服、登山等に[illegible]、火傷、怪我等の心配があり不適當と考へられてゐたので[illegible]教師をして研究に當らせてゐたが今回漸く左記の通り「作業服」を新に制定し過日同校で陳列された日本女性展で發表した

輕快運動自由なる様にと工夫されてゐる

上衣　寸法に合せる

ズボン　十分ゆるみを入れてある（男子ズボンのやうに股の形がそのまま現れるのを避ける爲と運動の自由の爲）

腰下　細く

裾口　足首に合せ、胸、甲まで覆ひ、紐を附けて靴の下に廻し活動の際裾口のみだれぬやう、又靴と足との間が隙かぬ

圖 33（右）：〈台北第一高女製作新作業服 防空訓練最為合適〉（台北第一高女て 新しく作業服を制定 防空訓練に最も適當），《台灣日日新報》（1940.11.14）。

圖 34（左）：同則新聞照片不清，北一女中校史室有同樣照片，為 1940 年「日本女性展」展品。

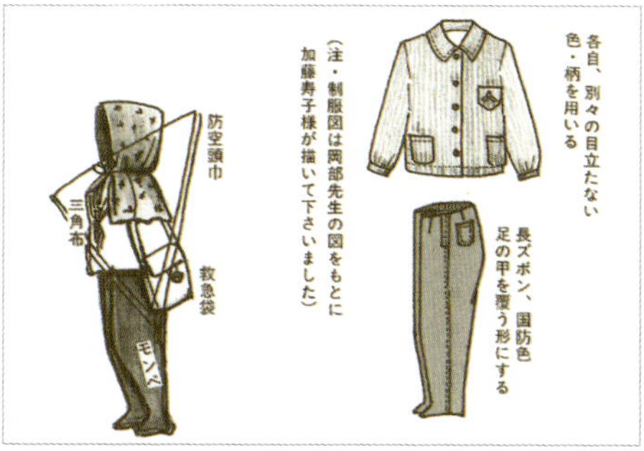

圖 35：1943 年戰時服裝規定。來源：《台北第一高女物語》。

外），一開始女子著男袴，遭抗議後改為女袴，這樣的發展十九世紀末已上演過一次。此時女性穿燈籠褲固然是戰爭所需，會被接受也正因為不像男褲。二、國防色：非單一固定顏色，偏藍棕色、綠棕色，有時也像卡其色，衣物製程、材質不同，實際呈現顏色差異不小。

陳瑳瑳一九四一至一九四五年在學，剛好見證戰爭最迫近的一段時間。根據《圓滿人生》的敘述：「第一高女的制服本來是白色的，戰爭前期改成國防色。戰爭末期，物質缺乏，越來越沒布料，所以有人會拿日本長衣改做短衣；到後來，學校要求我們的穿著都是一定要穿褲子，不能再穿裙子，大家就改穿燈籠褲，學生的穿著，這時都會換上比較輕便的打扮。」時局所限，學生不可能穿著全套水手服行走各處。

戰時體制前後不到十年，但戰局變化大，前後服裝因時制宜，混穿、替代、不一致的情形很普遍。像是一九三四年款圓帽，此時有可能因為物資短缺，以草帽代替。

圖 36：四年級部隊見學（實習），練習操作槍枝。學生頭戴白帽，上身著冬季水手服，下身為燈籠褲。約攝於 1940 年。北一女中校史室提供。

至於《台北第一高女物語》提到的防空頭巾、救急袋，《圓滿人生》也有描繪細節：「戰爭後期，我們甚至被要求每天都要揹一個包包上學，包包裡面要放防空頭巾。如果有戰事，學校規定上下課間，就必須把防空頭巾拿出來戴。每個人都要做好自己的防空頭巾，那是用棉布做的、裡層鋪有綿花的帽子，還有一條救護巾。學校老師也都有教我們，如果看到爆炸的話，還要去救傷患。」

整體說來，戰時體制下，一高女以及所有學校學生，逐漸遠離學校規定的「校服」，也無制式統一的「制服」。

圖 37：1944 年台北一高女的出勤訓練，地點在總督府正前方。學生戴著防空頭巾，穿著燈籠褲，頭正別向右方（未罩住全臉），步伐一致前行。來源：《台北第一高女物語》。

最後，略談台北一高女幾套校服在校史的意義。

創校初期採納的和服／行燈袴，雖然也可在台灣較早成立的幾所高等女學校看到，但彼此意義不同。台南高女、台中高女、台北二高女因為成立時間晚，行燈袴都只占校服歷史寥寥數年。台北一高女軌跡獨特，從一九〇六至一九二三年整整十七年，多數時間全台灣只有一高女這所學校學生穿著行燈袴，且此時「高等女學校」一詞專稱今日的北一女，海老茶袴下擺三條白色飾線校服，更象徵新式教育下新時代新女性。至於成立更早的台北三高女，因為招收台灣人（本島人）學生，早期穿著的是漢服，而非和服。

改為洋服後，一高女制服曾經是水色，但曇花一現。一九二三年版的水色夏季校服，從制定到退場，只有短短十二年時間，似乎不存在於校史集體記憶之中。無論是北一校史室歷代制服展示（圖38）、或北一女中相關活動（圖39），一九二三年版水色夏季制服始終缺席。

圖 38：北一校史室歷代制服展示。筆者攝於 2024 年 1 月 10 日。

圖 39：記憶迴響：「光復樓古蹟修復及再利用工程」公共藝術設置計畫。2024 年 1 月 3 日，筆者攝於新本館川堂。

一九三四年版的水手服校服，雖然廣為人知也受到歡迎，實際存續時間不到十年。因為戰爭緣故，越到後來穿著時機越少，全套制服亮相更是罕見。

一九四〇年代普遍採行的國防色，反映戰爭下可能的空襲。戰後的一九五二年，江學珠校長將制服白上衣改為綠上衣，同樣反映戰爭下可能的空襲。從國防色到深綠色，戰前到戰後的歷史相似程度驚人。直到今日，綠制服幾乎與北一女同義。

最後，要特別提到秋吉音治校長。他是台灣洋式制服改革的發動者，真正將女子教育與男子教育等量齊觀、並且拼盡全力為其辯護之第一人。既奠定一高女洋式制服的基礎，也是大正浪漫在台灣的代表人物。

參考資料

- 蔡雅薇，〈日治時期台灣高等女學校的制服〉。台灣師大台灣史研究所碩士論文，二〇一九年。
- 彭威翔，《太陽旗下的制服學生》。左岸文化，二〇一九年。
- 王慧瑜，〈日治時期台北地區日本人的物質生活（一八九五至一九三七年）〉。台灣師範大學台灣史研究所碩士論文，二〇一〇年。

與眾同歡的誕生日：校慶篇

校慶是學校創立紀念日的慶祝活動。創校日之於學校，猶如生日之於個人，是一個充滿歷史意義的日子。任何學校運作一段時間後，會想回顧一路走來篳路藍縷，呈現階段教育成果、同時展望學校未來。所謂述往事、思來者，怎麼紀念過去，往往與怎麼定位現在、看待未來密切相關。

創校日應該只有一個，但北一女先後有過兩個創校日，分別是十月三日與十二月十二日。一九〇四年十月三日，總督府國語學校第三附屬學校設立分校場，正式建立內地人女子中等教育。根據《創立二十五周年記念》中「本校沿革」所記載，十七年後，一九二一年十月三日，台北一高女正式將這天當成校史起點，訂為創校日，舉行創設紀念典禮。戰後，台灣省立台北第一女子中學成立，否定與台北州立台北第一高等女學校的關係，將接收日一九四五年十二月十二日訂為創校日，校史歸零，重新計算。以下先列一校慶史簡表。

名稱	西元	日治／戰後	日期	累積年	慶祝方式
創立二十五周年紀念	1929	昭和4年	10月3日	25	紀念式／展覽會／紀念集／紀念繪葉書
創立三十周年紀念	1934	昭和9年		30	紀念式／新本館、新校門落成／新校訓／新制服
二十周年校慶	1965	民國54年	12月12日	61	校慶大會／軍訓檢閱／北青校慶特刊／日治校友返校
九十周年校慶	1993	民國82年		89	校慶大會／北青校慶特刊／日治校友返校
一百周年校慶	2003	民國92年		99	校慶大會／百年校史《典藏北一女》／路跑／美展／音樂會／紀念品／日治校友返校
一百二十周年校慶	2023	民國112年		119	校慶大會／新本館古蹟修復完工／路跑／紀念品／紀念交通卡／橘高校吹奏樂部演出／日治校友返校

表1：歷次擴大舉辦創立紀念／校慶

創立二十五周年紀念（一九二九年）

目前看到的資料，北一女首次大規模紀念創校，應該是創校二十五周年。同時，還制定了「紀念日之歌」。根據《台灣日日新報》報導，一九二九年十月三日當天，全校師生在雨天體操場集會慶祝（戰前這裡是全校大型集會經常使用場地，位置為今天學珠樓北半）。台北州內務部長深川繁治，代表州知事出席致詞。紀念典禮除了固定的合唱國歌〈君之代〉、宣讀教育敕書，還特別表揚資深教職員工。第三任校長清水儀六趁此機會，講述一高女的沿革變遷，以及日本治理下殖民地台灣女子教育的普及與提升。此時一高女已累積兩千兩百六十六名畢業生，見證創校的第一回畢業生松本すみ子（一九〇七年三月畢業）代表致

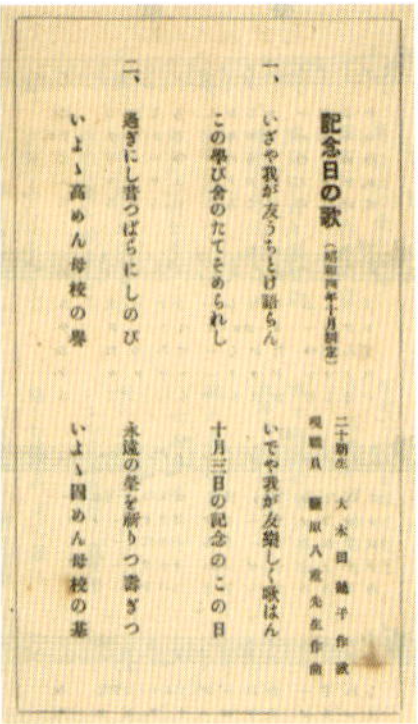

記念日の歌（昭和四年十月制定）

二十期生　大木田鶴子作歌
現職員　鰺原八重先生作曲

一、いざや我が友うちとけ語らん　いでや我が友樂しく歌はん
この學び舍のたてそめられし　十月三日の記念のこの日

二、過ぎにし昔つばらにしのび　永遠の榮を祈りつ壽ぎつ
いよゝ高めん母校の譽　いよゝ固めん母校の基

圖 1：紀念日之歌。來源：《創立二十五周年記念》。

臺北第一高等女學校
創立廿五周年記念式
三日同校に於て華々しく擧行
終つて展覽會參觀

二十五年前の明治三十七年十月三日呱々の聲をあげた臺北第一高等女學校では既に二千二百六十六名の卒業生を出し良妻賢母としてまた實社會の婦人として數多の婦人を社會に送り出してゐるが同校では二十五周年記念日に該當する十月三日午前十時より記念祝賀式を同校雨天體操場にあげた、職員生徒卒業生ならびに來賓著席するや人見長官、知事代理深川内務部長臨場し君が代合唱・教育勅語奉讀あつて清水校長は同校の沿革變遷 [illegible]

[illegible] 業生に代つて香取夫人より勤續十年以上の恩師をはじめ守衛小使に至るまでの同校關係者に記念品を贈り記念式歌を合唱して盛裡に式を閉ぢた、終るや百名に餘る來賓は各教室に陳列された展覽會に導かれ參觀後第二雨天體操場に設けられた饗宴に臨み杯を擧げて人見長官の音頭に同校の萬歳を三唱し十二時盛會裡に散會した

展覽會場は入口の第一室には先づ同校現在の狀勢を知る諸資料が陳列され第二室に體育、數學次いで地理國語、光榮室、作法

圖 2、圖 3：創立二十五周年報導。來源：《台灣日日新報》，1929 年 10 月 4 日。

詞。松本舊姓木下，父親木下新三郎是《台灣日日新報》主筆，後來還當過台北製糖株式會社社長。丈夫松本虎太先後擔任過基隆築港所長、台灣電力株式會社社長。他在致詞中提到創校時的校園景觀、師生互動、學藝活動等，充滿對母校的溫情。

當天也舉行展覽會，除了各科教學成果展示外，也呈現歷次皇族造訪學校之照片，甚至還有圖說女性髮型變遷史。

創校二十五周年配合出版紀念繪葉書（即風景明信片）、《創立二十五周年記念》專刊等。目前所見繪葉書有兩枚，其中一枚繪葉書將創校以來三任校長並列，時任的清水校長居中，左邊是首任校長尾田信直，右邊是第二任校長

圖 4（上）、圖 5（下）：台北第一高等女學校創立二十五周年紀念繪葉書兩枚。來源：圖 4 為台灣歷史博物館典藏；圖 5 為北一女藏品。

秋吉音治，很有一棒接一棒的傳承意味。底下搭配的一張大照片是創校時權充校舍的物產陳列所，陳列所左後方還看得到尚未拆除之文廟。整體說來，此枚繪葉書呈現出滿滿的歷史感。另一枚繪葉書是水彩畫，描繪的是木構舊本館校舍正面（拆除文廟後建造，面向今日重慶南路），制高點北棟尖塔最為顯著。這裡既是當時二代校門所在，也是主要的教學區。繪者是創校二十五周年當年甫進入一高女任教美術的藍蔭鼎。藍蔭鼎於一九二六年、一九二九年兩次入選帝展（帝國美術展覽會）最高榮譽，是戰前少數進入一高女任教的本島人（台灣人）教師。兩枚繪葉書供書寫的一面，都有一行「台北第一高等女學校創立二十五周年記念」，作為分隔線。雖然一枚照片、一枚畫作，兩者風格迴不相同，卻分別以初代校舍（初本館）、二代校舍（舊本館）為主題，同樣有濃厚的傳承意味。

《創立二十五周年記念》是一本內容翔實的書籍，共一百三十六頁，可以說是台北一高女二十五年史的重要史料集。採集了歷屆

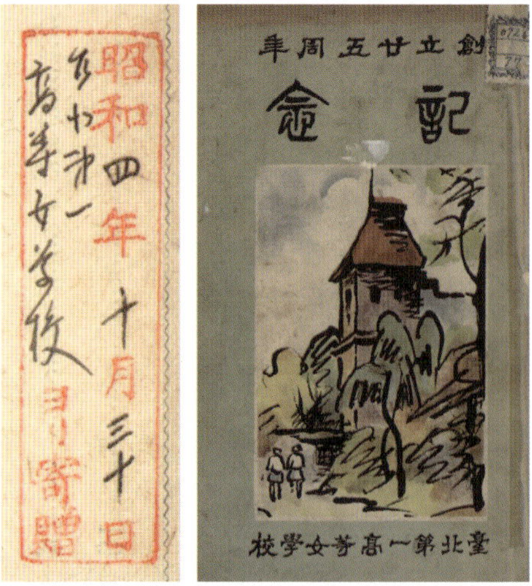

圖 6：《創立二十五周年記念》封面及一高女寄贈戳章。國立台灣圖書館典藏。

校友、歷任教職員的回憶，收錄教學活動、體育活動、競賽、社團活動、修學旅行、皇族來訪、校園景觀、校史沿革等。封面也是藍蔭鼎所繪，主題與繪葉書相同，都是舊本館北棟尖塔，一樣色彩繽紛、明亮，但角度稍異。在北一女中已經找不到這本《創立二十五周年記念》，但國立台灣圖書館（原日治時期總督府圖書館）有，網路可直接瀏覽內容。有趣的是，台灣圖書館擁有的這本，正是當年一高女寄贈，目次頁還留有戳章證明。現在想要研究校史，還得仰賴我們留在台圖的重要「備份」。

創立三十周年紀念（一九三四年）

就目前所見資料，一高女創立三十周年的慶祝規模較小。拿二十五周年與三十周年的《台灣日日新報》報導版面、內容比較，後者相對簡略。或許距離五年前大肆慶祝未久，能發揮的地方較為有限。

創立三十周年的紀念方式，與二十五周年大異其趣，主要不是

一高女創立
卅年記念
各種記念行事

臺北第一高等女學校。本年十月。適創立滿三十週年。訂來十一月三日。擧記念式及記念事業。大體決定如左。

三日記念祝賀式。午後祝賀尙齒會。

四日 校友會及同窓會主催開追弔會。同窓園遊會。祝賀音樂會。

五日參拜臺灣神社。而同窓會。爲永久記念事業。在淡水海岸。建設一亭。及於校庭。建記念水泳池。經費按一萬二千圓。

明治三十七年十月三日。爲國語學校（現一師）附屬學校。敎授內地人女子。高等普通敎育。同三十八年二月二十七日。改爲第三附屬高等女學校。同四十年擧第一回卒業式。至今日凡三十年。畢業生達三千人云。

圖 7：創立三十周年報導。來源：《台灣日日新報 漢文版》（1934.10.20）。

紀念集、繪葉書這類紙本紀錄，而是實體的新建築、新校門、新水泳池、新校訓／校訓碑、新校服。

標誌校史三十年的重大事件是新本館（戰後稱光復樓）落成，這兩件事綁在一起可能有點意外。一九一〇年代陸續啟用的舊本館各棟，原來使用年限應該更久，不會只期望使用二十年。可惜日本木造建築不敵台灣熱帶氣候、白蟻蛀蝕，被迫提早報廢。當年興築校舍速度飛快，一九三二年九月開工的新本館，整整一年後的一九三三年九月，師生已經進駐使用，再過兩個月新本館工程已完全結束（竣工）。可是，辨識新本館誕生日的落成典禮，卻等到一九三四年一月二十七日才舉行。設想

圖 8：創立三十周年新本館、新校門。前方是當年畢業的西組全體學生與主任（導師）高良節先生。來源：《第 28 回卒業記念寫真帖》（1934.3）。

校方可能刻意推遲落成典禮，定在一九三四年，這樣就可以跟創校三十年結合，作為一高女校史的一項重要里程碑。

當時已經是浮田辰平校長在任，在新本館落成式的致詞中，他不只一次提到創立「三十年」，但實際上得再過八個月，一高女才真要慶祝創立三十周年，可見這是主事者有意為之的選擇。這個選擇還有時代背景考量：一九三一年滿洲事變（九一八事變）後，日本軍國主義抬頭，殖民地台灣的自由空氣逐漸消退，必須配合帝國的戰爭節奏。浮田校長特別提到一九〇四年正值日露戰爭（日俄戰爭）戰局最激烈的時刻，一高女克服重重困難創校，似乎是與一九三四年戰雲密布局勢遙相呼應。這已經不一個可以大肆慶祝創立周年的年代。

浮田校長還改動校訓，從原本的優しく 強く 淑かに（柔和、堅強、優雅），改為正しく 強く 淑かに（正直、堅強、優雅），立校訓石碑於進校門右側。校訓碑底部有「創立卅年記念」字樣，背面刻有「昭和九年秋」。如今校訓碑靜靜待在校園幽僻一角，見

圖 9：正しく 強く 淑かに校訓碑與底部「創立卅年記念」字樣。筆者攝於 2023 年 5 月 9 日。

證一高女創立三十周年。

此後政治、軍事情勢急轉直下，一高女較無紀念學校創立周年的客觀條件，直到終戰皆然。

二十周年校慶（一九六五年）

戰後大方向就是否定日治時期的歷史，個別學校並無選擇是否承繼日治時期校史的權利，因為行政長官公署已有統一規範。一九四五年十二月公署頒布〈台灣省各級學校學年學期假期劃一辦法〉，當中第五條：「各校原有本校紀念日，一律廢除，另以十月二十五日本省光復日為各校共同紀念日，放假一天。」後來規定變更數次，但十月二十五日作為各校共通校慶日始終不變。

北一女為何能以十二月十二日而非十月二十五日為校慶日，詳情不得而知。但一九四五年十二月十二日，胡琬如校長代表行政長官公署接收原台北州立台北第一高等女學校，改校名為台灣省立台北第一女子中學，將新本館重新命名為「光復樓」，是學校改朝換代關鍵的一天，與行政長官公署規定的「光復」概念一致，或許因此保留了與眾不同的校慶日。

無論如何，從台北一高女到北一女中，歷史歸零，砍掉重練，等於重新創校。這也是為何一九六五年十二月十二日，省立北一女中慶祝創校二十周年，因為起算點在一九四五年十二月十二日。實際上這所學校已經超過六十歲了。

戰後最初四年，快速經歷了胡琬如、王超筠、陳士華三位校長，他們的任期都很短暫，映照出當時北一女中校務的不穩定。接下來十六年、直到二十周年校慶之時，擔任校長的都是江學珠一人（一九四九至一九七一年在任）。幾乎可以說，一九六五年的二十周年校慶，就

圖 10（上）：石橋貞子（1924 年第 18 回畢業）與學生握手致意，遠處是加蓋第四層之光復樓。來源：中央社影像空間 phototaiwan.com，1965 年 12 月 12 日。

圖 11（下）：高田登代子代表校友贈送母校鋼琴，由江校長代表接受。來源：中央社影像空間 phototaiwan.com，1965 年 12 月 12 日。

是戰後江校長在北一女中辦學成果的展示。那年還有一個特別意義：台灣省立時期唯一一次擴大校慶。一九六七年，因應台北市升格為直轄市，學校名稱改為「台北市立第一女子高級中學」，此後不再有省立之名。

定位「二十周年」，就是和日治時期的一高女切割，不當成同一所學校。然而實際上，卻又在校慶活動中，看到日治、戰後兩個時代的情感連結。這年日治時期校友大舉組團，共一一四人返校參加「二十周年校慶」。根據綠會（即台北一高女校友會）顧問加藤淑子（一九三一年第二十五回畢業）自述，這在當時是創舉，是戰後全台灣第一所日治校友參與母校校慶之例。十二月十二日當天，操場舉行全體北一女學生的軍訓檢閱，照片中都還看得見學生著軍訓服、手持軍訓用槍。日籍校友卻是身著和服，熱情地與學生握手致意。如今看來違和感甚重的照片，投射出那個年代的特殊氛圍。

團長高田登代子代表全體日籍校友，贈送母校鋼琴一架（照片中以證明書代替），學校由江學珠校長代表接受。後來這架鋼琴學校使用多年，據退休工友先生描述，鋼琴上還有刻字，註明「創校二十年 前一高女校友贈」等字樣，幾年前我在音樂教室、活動中心倉庫遍尋未得，鋼琴下落不明，可能已經報廢。

擔任團長的高田登代子是戰前一高女第二十回畢業（一九二六年三月），之後長期在一高女擔任教師，兼具一高女學生與老師兩種身分。日本戰敗之際，她率先整理各期學生資料，提議組成綠會，是戰後長期凝聚日治校友力量的靈魂人物。而第一任會長，正是前面提到的第一回畢業生松本すみ子。

一九六五年校慶當天，《北一女青年》出版二十周年校慶特刊，內容簡略，比較多是在校生心得抒發，身為第一志願、身著綠制服的責任與想像，缺乏對過往的回顧。唯一談得具體的一篇：「覽物思昔，今日綠園的進步，遠非日制（註：應為日治）時代的第一高女可比擬。規模之宏大，陣容之堅固，堪稱全省第一。走在重慶南路，那遠處映入眼簾的巍峨校舍，足令人興起崇高的敬意，及至親臨，更訝其中的人才濟濟。」很可惜在

圖 12（上）：戰前一高女時期教師高田登代子。來源：《第 35 回卒業記念寫真帖》（1941.3）。

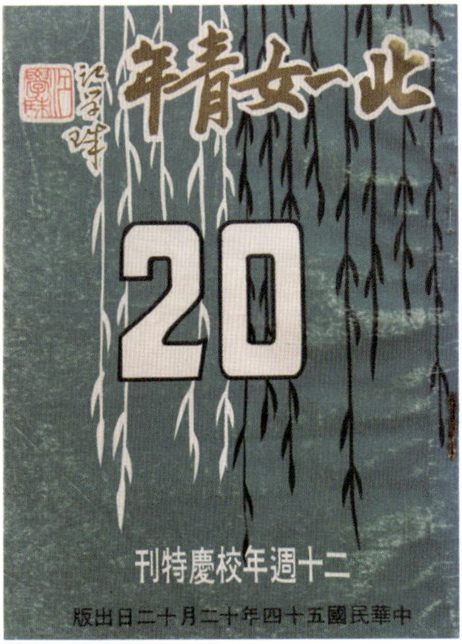

圖 13（左）：《北一女青年》第 16 期「二十周年校慶特刊」封面，1965 年 12 月 12 日。

那個時代，特定意識形態支配教育，知識與思想堵塞，學生缺乏管道認識學校早期歷史，不知道二十世紀前期，無論學業、體育、才藝各方面，台北一高女早就開創眾多全台第一。甚至文中提到的巍峨校舍，正是日治時期留下來的重要遺產——新本館。

九十周年校慶（一九九三年）及其後

一九八〇年代，國民黨威權體制遭到社會各界強烈衝撞、挑戰。官方的強制規範，擋不住民間自主新生力量。已有學校不顧教育主管單位禁令，開始向上銜接日治時期校史。例如台北市士林國小，源自一八九五年日人成立之芝山巖學堂，並在一九八五年率先舉行九十周年校慶；台灣大學前身為一九二八年成立之台北帝國大學，並於一九八八年舉行六十周年校慶。

北一女中也在一九九三年，重拾自己的過去，慶祝創立九十周年。年事已高、畢業已超過五、六十年的日治時期校友，驚人地以一百八十人龐大陣容，返回母校參加校慶。並捐獻建校基金一百萬日圓。對母校的思念與支持令人動容！

此時主持校務的是丁亞雯校長，勇於任事。他在一九九〇年上任後，大刀闊斧改革，拆除科學館、僑生大樓、舊至善樓、新民樓、露天游泳池，改建成目前的至善樓教學區，一九九三年落成時，剛好慶祝北一女中九十周年生日。

正確來說，學校並未放棄「光復創校」的校史論述，而是新舊兩套並行。當年九十周年校慶、光復後四十八周年校慶並列，是一種妥協做法。新的模式形成後，便成為最近三十年慣例，每年校慶皆是日治、戰後並列。直至二〇二三年一百二十周年校慶，才在官方文件、宣傳中，正式回歸單一校史論述，不再特別強調「光復後」。

不過，戰前一高女的生日是十月三日，戰後定錨在十二月十二日。校史從日治時期的一九〇四年起算，生日卻是戰後重訂的十二月十二日，造成九十周年校慶舉辦時，校史事實上不滿九十年，而一百二十周年校慶舉辦之時，校史也只有一百一十九年兩個月又九天。這是校史的不協調之處。

一些細節看得出兩套校史論述的不一致與補救之道。例如新本館（光復樓）古蹟修復工程於二〇二三年底完工，剛好配合一百二十周年校慶。以剛完工校舍慶祝校慶，在北一校史上便出現三次：一九三四年、一九九三年、二〇二三年。其中一九三四年、二〇二三年的主角都是新本館。一棟校舍的誕生理論上只有一個日子，一九三四年創立三十周年紀念時，便將校舍的誕生日押在落成年，到了二〇二三年一百二十周年校慶時，則將校舍的誕生日押在完工年。當年一高女刻意延後校舍落成日配合校慶，現在北一女刻意選擇完工日，也是配合校慶。整理如表2。

當日治台北一高女歷史得以平反之際，一高女眾多校友已成白髮蒼蒼老人，也

校慶	西元	校舍
創立三十周年紀念	1934	新本館落成
九十周年校慶	1993	至善樓落成
一百二十周年校慶	2023	光復樓竣工九十周年暨古蹟修復完工

表 2：歷次校慶與校舍的連結

圖 15：百年校慶出版的《典藏北一女》。來源：徐璽設計 hsudesign.tw 提供。

圖 14：九十五周年校慶出版的《台北第一高女物語》封面。

有人已經提早告別這個世界。在一九九八年九十五周年校慶出版的《台北第一高女物語》，加藤淑子感嘆大家年事已高、逐漸凋零，校友會人數不斷減少，但他們還是會將一高女驕傲的火炬繼續傳承下去，直到最後一人！然而五年後，日籍校友驚人地湊滿百人，返校參加百年校慶。當時最年長的松藤百合子、篠原久已經九十二歲（均為一九二九年三月第二十三回畢業）。同期生一百五十人，剩下五十五人在世。

校慶常是校史文獻收集重要時刻。以北一女官方出版品內容豐富程度而言，《創立二十五周年記念》（一九二九年）、以及百年校慶的《典藏北一女》（二〇〇三年）絕對是最重要的史料集。兩套書收錄了大量校友回憶，以及許多珍貴的文字、照片紀錄，都是校方花費相當大的心力集結而成，是我們今天認識校史必備的書籍。

北一女中九十周年以後的校慶，在台灣政治鬆綁、社會自由活潑氣氛中，慶祝內容漸趨多元。二〇〇三年一百

圖 16：百二校慶發行之光復樓立體一卡通。一卡通票證公司提供。

周年校慶時，學生擔任模特兒，在青年活動中心以走秀展示歷代校服：從和服到綠衫，獲得在場校友、來賓熱烈迴響。

二〇二三年一百二十周年校慶，與悠遊卡公司合作發行綠制服造型悠遊卡，感應使用時會唱出校歌；與一卡通公司合作發行光復樓立體一卡通，感應使用時會發光。上市之時均引發搶購熱潮。一百二十周年校慶當天，破天荒跨國邀請日本京都橘高校吹奏樂部演出。這些都是創意十足、前所未見的慶祝方式。

圖 17：2023 年 12 月 12 日，橘高校吹奏樂部在北一女操場表演，背景是甫修復完成的新本館。筆者攝影。

參考資料

• 根雨屋，〈你不能有真正的校慶〉。想想論壇，網址：thinkingtaiwan.com/content/7746，最後瀏覽時間：二〇二五年二月十二日。

見證時代轉向的建築：校地、校舍與校門篇

校地前史

日治時期台北一高女校址在「台北市文武町五丁目一番地」，與現在北一女中「台北市中正區重慶南路一段一六五號」位處同地。戰後校址中的「中正」、「重慶」與台北城市紋理無關，反而戰前的「文武」町名，藏有整座城市線索，可以幫助我們追溯學校早期的歷史，以及學校地點的屬性與意義。

淡水河是大台北的母親河。三百多年前，漢人蜂擁進入盆地墾殖，沿著河流，陸續形成

新庄（新北市新莊）、艋舺（台北市萬華區北部）、大稻埕（台北市大同區南部近河）等市街。一八七四年牡丹社事件後，清帝國為強化統治，將台灣一分為二，北台灣新設台北府。之前文獻雖然也會提到「台北」，只是方位上指稱台灣北部，此刻才正式成為官定名稱。四十多年後（一九一七年），高等女學校校名前冠上「台北」二字，此後「台北」永遠鑲嵌在校名之中，不再分離。

新建台北府城既不在艋舺，也不在大稻埕，而是立於艋舺、大稻埕之間。當時決策應該考量到：一、時值北台灣「頂下郊拚」（一八五三年）大規模械鬥之後，三邑人與同安人沿著淡水河南、北對峙，台北府城銜接其

圖 1：方形為台北府城牆範圍，以北為大稻埕市街，以西為艋舺市街。後來城市發展快速，艋舺、大稻埕、府城連成一氣，稱為「三市街」。日本參謀本部陸地測量部，《台北及大稻埕、艋舺略圖》（1895）。來源：中研院台灣百年歷史地圖。

圖 2：清末武廟、文廟建築群。此張照片視角由西南望向東北，較近者為武廟，較遠者為文廟。附近再無其他建築。

中，有迴避或調和族群衝突用意在。二、艋舺、大稻埕皆為民間商貿蓬勃發展區域，地狹人稠、缺乏腹地，不利於官方長遠規畫、建設。至於新劃定之台北府城，離淡水河稍遠，當時多為未開發之地，可容納建府後各式新成立的官署、機構、寺廟等建物。

不像艋舺、大稻埕自然形成的商業聚落，台北府城是官方刻意打造的行政中心，一開始頗荒涼。府、縣等新建衙門都偏在城西北，店面也是。城內的商店、民居，比較像是大稻埕往南、艋舺往東的延伸，欠缺自主發展的動力。南門（麗正門）貴為府城正門，實際上沒什麼人氣。東門（景福門）一帶也全是空地。若把台北城內範圍切成四份，西北最熱鬧，東南最偏僻。城內的東南區，明顯建物只有文廟、武廟，再加上南門內的參將衙門。此一遍布荒地、窪地之偏僻所在，正是未來高等女學校校舍座落之處。

清代文廟同一位置，即今日北一女中操場、活動中心、明德樓。這是我們學校在歷史地圖上最早的定位點。

清帝國遺留的東門、南門今天都還在，無論哪一張地圖，只要找到這兩個城門，就可以推估北一女中大致位置。

乙未（一八九五）年清帝國戰敗，四月簽署馬關條約，將台灣、澎湖割讓日本。六月日軍進入台北城，總督府開啟殖民統治。為了應對台人此起彼落的武裝抗日，以及迅速累積的傷病軍人，日軍以台北城為中心，以城牆為抵擋武裝抗日屏障，在城內設置多所衛戍病院（軍醫院）。對於已經接受、實踐西方醫學、公

圖 3：圖 1 局部放大，聚焦在台北城東南之文廟、武廟一帶。圖中文廟同時標示為衛戍病院。

共衛生的日本帝國來說，台灣衛生條件差、傳染病充斥，收治傷病兵的衛戍病院必須考量通風、隔離。文、武廟所在的台北城東南區，附近盡是稻田、曠地，南側又有水源流經，作為衛戍病院再合適不過。對比「台北衛戍病院配置圖」，衛戍病院事務室（行政中心）位於大成殿，約略位於今日操場最靠近光復樓（新本館）的那面排球場，手術室、藥室位置大概在今天青年活動中心前端。但這一切，在今天均無從想像，只能從當時地圖、配置圖比對。

總督府一方面就地利用清帝國遺留眾多官署，一方面因為治理邏輯全盤西化，與東亞傳統帝國根本不同，因此開始在台北城東南空地新建各式各樣軍、民用途之建築。今天北一女中附近充滿日治時期官署，與清治時期此地荒涼偏僻，其實是一體之兩面。

到了一九〇三年女學校創立前夕，文廟、武廟建築物仍在，但用途有變。衛戍病院已遷至城外，

圖 4：步兵第八大隊營舍，即原本清代文廟建築，位在今天北一女中校園內。來源：《台灣寫真畫帖》（1903）。

文廟建築轉由步兵第八大隊使用，前後都是軍事用途。

幾年之間，文廟、武廟周邊如雨後春筍般冒出眾多官方機構、建築（如圖5）：文廟北邊一小塊地是總督府海軍幕僚（一八九七年，今北一女中入校門一帶），文廟東北一大片是總督府民政局物產陳列所，以及所前占地廣大的庭園水池（一八九九年，今北一女中至善教學區、中正樓、學珠樓、光復樓北棟後段）。

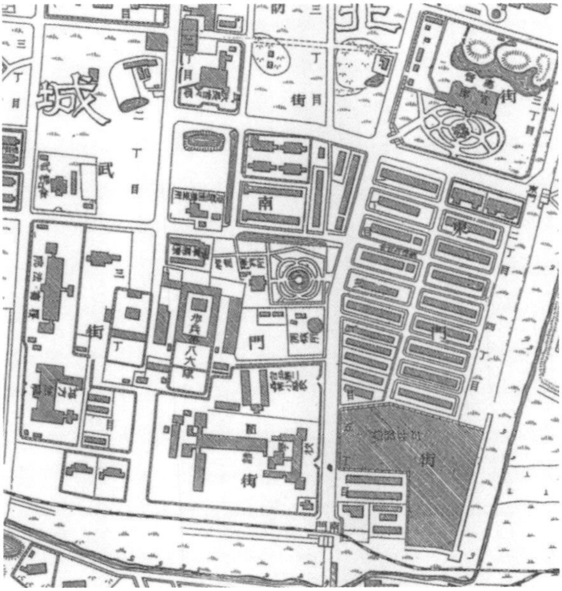

圖 5：創校前夕文廟、武廟一帶，可見眾多新機構、建築。標示步兵第八大隊即為文廟，也就是圖 3 的衛戍病院，位於今日北一女中操場位置。來源：《最近實測台北全圖》（1903）。

文廟南邊有總督府國語學校（一八九六年，今台北市立大學）、文廟東邊的總督府台北測候所（一八九七年，今交通部中央氣象署）、占地廣大的總督府官舍（一八九七年，圖5右方連續條狀區域，為今外交部、國家圖書館、弘道國中）、海軍幕僚北邊的總督府民政局度量衡檢查所（約一九〇〇年，今總統府前南廣場）、武廟西側的總督府覆審法院（一八九九年，今司法院建築後方）。以上都是日治初期新立建築，皆為總督府下轄單位，可見現代／殖民統治建立之迫切。至於總督府自身辦公廳舍，也已劃定文廟西北一塊完整街廓，遲至一九一九年竣工，即今總統府。

另外還有一個比較少人提到的單位：台北監獄。日本政府利用台北府城遺留之參將衙門，整修為臨時監獄（圖5右下標示大片灰色）。一九〇四年遷離。原地後來由國語學校附屬小學校使用，即今台北市立大學附設實驗小學。

以上提到文廟周邊機構、建築，多數與北一女中共存至今，始終是鄰居。

高等女學校前後取得校地，以及校地、校舍、校門彼此關係，頗為複雜。文字敘述開始以前，先以兩張表格梳理脈絡，參表1、2。

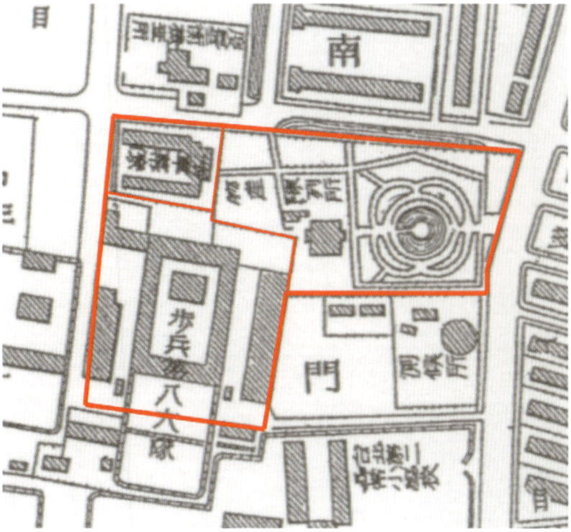

圖6：圖5局部放大，紅線為筆者添加。細紅線區隔陸續取得的三塊校地。粗紅線即未來高等女學校完整校地範圍。

最初的校地、校舍：物產陳列所

先是一八九九年，總督府為暢旺殖民地與內地之商品貿易，於台北城內、文廟東北方設置物產陳列所（也稱作物產陳列館、物品陳列館），展示、銷售各地工藝、農產品。直到一九〇一年行政區劃調整後，物產陳列所才停用。

殖民統治吸引大量內地人來台，子女就學需求隨之而生。當時小學校女生畢業後升學無門，只能返回內地，極為不便。《台灣日日新報》說這是「燃眉之急」（目下燒眉の問題）。一九〇四年十月三日，在各方殷切期盼下，總督府國語學校第三附屬學校台北第二尋常高等小學校新設分教場，正式在台成立內地人女子

校地名稱	現今位置	取得時間
物產陳列所校地	至善教學區、中正樓、學珠樓、光復樓北棟後段	1904年10月3日
文廟校地	操場、活動中心、明德樓	1908年12月18日
海軍幕僚校地	校門口一帶	1914年中（日期不明）

表1：高等女學校取得校地位置、時間

校地	校舍	校門
物產陳列所校地	初本館（物產陳列所本館）	初代校門
文廟校地	舊本館	二代校門
海軍幕僚校地	新本館	三代校門

表2：高等女學校校地、校舍、校門關係一覽

中等教育。當時即以閒置的物產陳列所建物權充上課教室，物產陳列所與前方占地廣大的庭園水池，成為北一女中最早一塊校地。

陳列所本館（校史的「初本館」）大概位在今天扇形廣場、學珠樓之間，面向東方，共一百六十九坪，是一棟龐大的木造建築。中脊處設有通風氣窗，四周有迴廊道。陳列所前有大片庭園植栽，庭園中央有圓形水池，水池中有小島，小橋連結其中。整個庭園水池約略是今天至善教學區環抱範圍。在一九〇三年的《最近實測台北全圖》，庭園水池標示圖案有如花朵綻放，特別醒目。

一九〇二年再版發行的《台

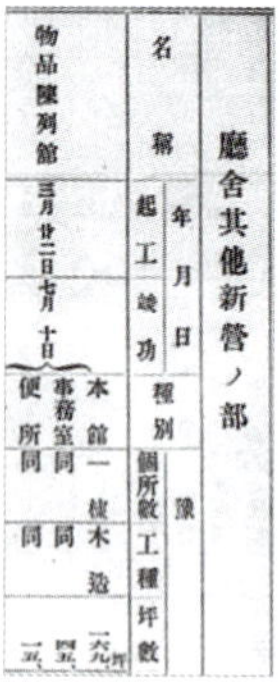
廳舍其他新營ノ部

名稱	起工	竣功	種別	個所數	工種	坪數
物品陳列館	三月廿二日	七月十日	本館	一棟	木造	一六九坪
			事務室	同	同	四五
			便所	同	同	一五

圖 7（右）：物產陳列所建物，位在今天北一女中校園最中心、約略學珠樓位置。來源：《台灣名所寫真帖》（1899）。

圖 8（左）：物產陳列所興築資料，主建物稱為「本館」。來源：《台灣總督府民政事務成蹟提要 第三篇》（1900）。

圖 9：1907 年 3 月，第一回畢業生與師長在物產陳列所大門前合影。這也是物產陳列所難得的近照，可以觀察建物細節。資料來源：《創立二十五周年記念》（1929）。

灣土產寫真帖》，有張難能可貴的初代校地、校舍全景（圖10），相當於今日學珠樓加上光復樓北棟後段、中正樓、至善教學區。以土地面積而言，已是現在北一女總面積過半。物產陳列所正後方建物應是海軍幕僚，是我們未來校地的一部分（今天校門口一帶）；陳列所右後方應為度量衡所，位在今天出校門右方的總統府前南廣場前緣（可與圖5對比）。

物產陳列所原本非教學用途，拿來當教室只是權宜之計。根據第二期入學生鈴木繁（一九〇五年入學）所描述，陳列所內部劃分為四部分，入口右側前方是職員室，其他三部分是一、二、三年級教室，再無其他空間。一九〇五年五月，先在陳列所北側空地（今光復樓北棟後段）蓋了學寮（寄宿舍）、炊事場（廚房），收容了校史最早一批寄宿生六人入住。一九〇七年十月再增築學寮、裁縫兼作法教室（作法意指教導傳統禮儀）。廣大庭園也有了新用途。緊鄰測候所一側（今至善樓南棟同一

圖10：物產陳列所與前方占地廣大的庭園水池。來源：《台灣土產寫真帖》（1902），國立台灣歷史博物館提供。

位置），在一九〇五年新蓋一棟長型建築，包括音樂教室、化學教室等（即圖11左下可見之屋頂）。比較特別的是，公立台北幼稚園幼兒此時也在這裡上課，直至一九〇七年幼稚園停辦。幼稚園停辦也是因為高等女學校學生數暴增，再無空間可以釋出。

創校最初的兩、三年，庭園水池還維持原貌。午休時，鈴木繁會在此憩息。這裡有許多樹木，花草盛開，特別是山茶花。庭園中央是池塘，架有土橋，可以連接到池塘中央的小亭子。儘管經歷了多年，此一景象仍歷歷在目。鈴木繁描述的這方空間，正是今天至善教學區環抱之金字塔廣場，當年的花木扶疏，如今是空曠無樹的廣場。雖然再

圖 11：約攝於 1909 年，物產陳列所仍在，庭園水池隱約可見，但南、北兩側已新建校舍。來源：日治時期繪葉書，底部標有「台北女學校（九十一）」字樣。承蒙台南市美術館林育淳前館長提醒：原圖左右顛倒，這裡已是更正版。

也見不到池塘，但金字塔廣場往下一層樓仍是溫水游泳池，仍是水。

圖10與圖11值得仔細比對。日治初期這一帶有一個制高點，同時也是黃金拍攝點：台北測候所屋頂（圖12）。所以兩張照片視角一模一樣，最遠處都是觀音山。圖10的物產陳列所建築與所前圓形水池，在圖11裡也看得到，只是沒那麼明顯。由於高女規模不斷擴大，庭園很快被幾棟新築校舍取代。從一九〇九年記錄下的圖11中，水池雖然還在，但也是最後身影了。一九一〇年水池填平，整個花園水池區域搖身一變，逐漸形成數棟建物共組的宿舍區，有資料稱作「東學寮」，當年四月即收容四十名寄宿生入住。

初代校舍是物產陳列所，初代校門就是原物產陳列所大門（圖14）。面向南門街（公園路），是現在至善樓

圖 12：台北測候所建築，圓形錐頂甚為醒目，位於今天交通部中央氣象署入口處。遠方是台北城南門，道路為南門街。照片右下圍起空地是物產陳列所庭園東南邊緣，也就是今天至善樓東南角。來源：《台灣土產寫真帖》（1902）。

圖 13：學寮正門，與今天北一女中汽車停車場入口位置相同。來源：《台北寫真帖》（1913）。

東棟輔導室同一位置。彼時殖民統治剛展開，大門與圍牆較為簡陋。大門可能是木柱或磚柱，稍有傾斜。在大門的右柱，應該書有「國語學校第三附屬高等女學校」，是我們的第二個校名。左柱則是「台北幼稚園」。這些線索得出拍照時間在一九〇五至一九〇七年之間。圍牆只是籬笆簡單區隔內外。由於大門往後退縮，前方有半圓形供迴旋之腹地，與圖5《最近實測台北全圖》吻合。

初代校門對應初本館，左後方可見文廟大成殿中式屋頂，最左方平房是前述一九〇五年新建的長條教室。

大概在一九一〇年，物產陳列所初代校地沿邊築起鐵筋（鋼筋混凝土）圍牆，初代校門因而消失。此時高女已取得文廟校地，文廟校地舊本館教學區緊鑼密鼓籌備、興建中，但二代校門還來不及誕生。在這個

圖 14：初代校門，原本是物產陳列所正門。本張照片由東拍向西。來源：《台灣寫真帖》（出版時間不明），國立台灣圖書館提供。

圖 15：替代校門近照，這是目前所能找到最清楚的圖像。拍攝日期在 1930 年代初期。北一女中校史室提供。

青黃不接時刻，寄宿舍（學寮）正門暫時取而代之（圖13、15），可稱為替代校門。位置在校地東北頂端，就是今日貴陽街、公園路交會的汽車停車場入口處，但方向略有不同：現在停車場入口處面向東方，替代校門（寄宿舍正門）在轉角，面向東北。一九一一年《台灣》雜誌報導〈台北四大學校〉（台北の四大學校）即以此門面代表高等女學校。

初代、替代校門隔著南門街（公園路）與總督府官舍（外交部、弘道國中位置）相望。當時高等女學校的家長在總督府工作者眾，很可能就住在總督府官舍，過個馬路就到學校，方便至極。當然，當時全台僅此一所高等女學校，遠道而來的學生也很多，這也是物產陳列所庭園水池最終變為學寮的原因。

北一女中校史室目前藏有一幅物產陳列所油畫（圖16），背後有一段故事。二〇一五年三月我在光復樓（新本館）會計室洽公，發現檔案高櫃後方牆壁掛有大型畫作，布滿灰塵。基於對日治時期校史的了解，我辨識出這幅畫是創校時的校園景觀。在會計室發現也別具意義，因為在日治時期，這個空間是校長室。初步推測，這幅畫作是女學校創校時的老師或學生之作品，贈送給學校，懸掛於校長室。因為創校後不過五年，這個景觀完全消失，此後要能準確畫出創校時校園建物、每個細節景觀並不容易。另一種可能是，創校若干年後，高等女學校回顧校史，延請畫家或師生以創校時的校園照片為本，完成之油畫作品。無論如何，戰後這幅畫可能一直待在相同位置，直到被我發現。

向學校報備後，我將畫作移往歷史專科教室懸掛展示，也當成校史教學教材。二〇二三年暑假，我在校史室查找史料時，偶然發現一張照片（圖17），是松井實校長、師生與製作好的慰問袋合影，這是一九三〇年代後期以降一高女頻繁的軍隊奉仕（服務）日常，相簿明確標示出昭和十三（一九三八）年五月十三日，拍攝地點推測是新本館一樓會議室（今光復樓第一

圖 16（上）：物產陳列所油畫。北一女中藏。

圖 17（下）：松井實校長、師生與製作好的慰問袋合影（1938 年 5 月 13 日）。照片由北一女中校史室提供。

會議室）。當時這類照片很多，並不特別，重點在牆面上方懸掛的三幅畫。中間一幅分明是我在會計室發現同一幅畫！這是直接證據，可以確定這幅畫的創作在日治時期，不晚於一九三〇年代。

台北一高女真是一所充滿歷史意識的學校。牆上三幅畫，中間一幅是初本館物產陳列所，左邊一幅是二代校舍舊本館，右邊一幅是三代校舍新本館。這是刻意的排列，目的就是展現學校的歷史演進。

圖 18：專家學者協助鑑定物產陳列所畫作，地點在北一女中校長室。（左起）清華大學台灣文學研究所蕭亦翔博士生、中研院史語所顏娟英兼任研究員、台灣師大藝術史研究所蔡家丘所長、台南市美術館林育淳前館長。照片由北一女中秘書室提供。

二〇二三年十月三十一日，透過國史館吳俊瑩協修（現為台大歷史系助理教授）牽線，北一女中邀請顏娟英、蔡家丘、林育淳、蕭亦翔等四位藝術史專家，協助鑑定物產陳列所油畫（圖18）。由於一高女不只一位美術教師入選過帝展，包括藍蔭鼎、名島貢，一度以為可能是他們的作品。專家鑑定後無法得出明確結論，但肯定這幅畫在北一校史的重要意義，並建議修復畫作。後續工作仍在進行中。

從文廟到舊本館

文廟基地位於物產陳列所西南方（圖19、20），一九〇八年交給高等女學校以前，有一段顛簸的歷史。

一八九五年政權變革之際，文廟權充衛戍病院，未來命運難料。通常認為這個過程不可逆。其實，文廟不止一次有恢復舊觀、延續祭祀至聖先師之可能。第一次機會在一八九九年衛戍病院遷離之時，根據《台灣日日新報》（漢文版）當年三月二

圖 19：日治初期文廟建築群。來源：《北一女百年影像》。

◎圖 19、20，兩張照片時間相仿，拍攝點都是台北測候所屋頂。

十一日〈文廟將復〉報導：「台北南門城內文廟，崇祀至聖先師孔子及歷代先賢先儒。宮牆之建約有壹千九百餘坪，其敷用地共有五千三百餘坪。自清光緒四年（一八七八年）知府陳星聚捐資創建成後，學者以時行釋菜禮，廟貌頗著尊嚴。帝國領台之初，因各兵舍公所營造未周，不能不暫借文廟先駐軍隊，繼為衛戍病院。目下聞該病院經有另置，文廟將得復舊便，此間之學者，歲時入廟焚香瞻拜先聖諸神位，不禁拭目俟之。」這段報導包含文廟基本資料、成立以來二十年史。行文最後，在士紳殷殷期盼下，文廟似乎就要回歸原用途，沒想到衛戍病院一九〇〇年四月搬離後，官方遲未做成決定，導致文廟建築「風雨飄搖、傾頹愈甚」。之後，由台灣守備步兵第

圖 20：這張照片主體是物產陳列所，但剛好拍到三塊校地交界處。照片左側是文廟最後端，夾在陳列所、文廟後方是海軍幕僚。來源：《創立二十五周年記念》（1929）。

八大隊進駐（圖4）。

一九〇六年七月七日《台灣日日新報》報導：「台北城內文廟及武廟。自領台以來，充作守備軍營舍，現守備隊（步兵第八大隊）已移入新兵營，即將此二廟交付台北廳。一昨日授受完畢。惟當舊政府時，歷年春秋二祭，樂佾並陳。諸生執禮。官府主祭。肅肅煌煌。為台北第一祭典。今已歸廳管理，如欲仍舊舉行祭禮，則修繕費用，須萬餘圓。如欲付諸折毀，似屬可惜。其果將以如何處置乎，目下頻在考案中。」這已經是日治以來第二個遷離文廟的軍事單位，仍未恢復文廟

圖21：日治初期照片，中央深色有燕尾翹起的圍牆，是文廟最前端萬仞宮牆，今台北市立大學勤樸樓位置。白色連續曲折矮牆左邊是國語學校，右下方是台北測候所基地。遠處可見尚未拆除之台北城南城牆。拍攝點應該是測候所屋頂。照片由北一女中校史室提供。

祭祀。

文廟、祭孔背後的儒家思想，是東亞文化圈共通要素。就算明治維新西化之後，孔子仍受日本崇奉（圖22）。領台以後，為籠絡人心，保留文廟似無不可。看得到的理由，是文廟復舊所費不貲。看不到的理由，是文廟占地遼闊，附近一帶已被總督府十年經營為現代化、內地人為主的區域，或許不希望在此區域有一個本島人祭祀、集結的基地。

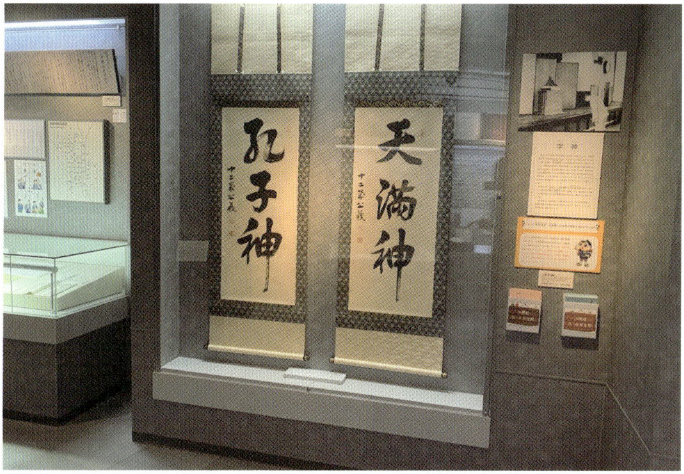

圖22：二學神掛軸，京都市學校歷史博物館藏品。筆者攝於2023年8月3日。

文廟初立時，附近幾無建物，文廟孤立於台北城東南。此時文廟附近，充斥殖民統治新建物。清帝國遺留之文廟，依然孤立於眾多日本殖民治理機構之中，是一個突兀的存在。

大概在一九〇七年中，當局確定拆除文廟。七月七日新聞：「近總督府國語學校，以留此廢物，終屬無用。適值多募人學生，缺乏宿舍敷地，因擬欲折毀文廟，而以其地建築寄宿舍。」在新式教育大肆擴張之際，代表傳統教育的文廟終究得退場。十月初廟體拆除完畢。孔子、孟子牌位移至國語學校，孔子祭也改於國語學校舉辦。從新聞看，文廟基地打算交給國語學校蓋宿舍，所以國語學校才為了善後，接手孔、孟牌位，接辦每年祭孔。沒想到一年後，文廟基地一分為二，北邊大的一塊約五分之四給了高等女學校，國語學校只分得原文廟南邊約五分之一。

形式上我們沒有直接從文廟取得校地，而是透過國語學校。根據《創立二十五周年記念》「本校沿革」，一九〇八年十二月十八日，總督府國語學校將文廟土地轉撥高等女學校使用。創校四年後，高女迎來校地最大一次擴張，以及校舍最大一次擴建（舊本館）。《台灣日日新報》說：「高等女學校，生徒逐年繁盛。校舍漸有狹隘之觀，（總）督府久計畫擴張。決算經費，嗣為全通式所阻，暫付罷論，遂遲延至今。然此時設計，聞已略竣。興工構造之期，當在不遠。」按照新聞所述，若不是一九〇八年縱貫鐵路全通式花費太過龐大，高女應可更早利用文廟這塊校地，興建新校舍。

一九三〇年代，台北文廟重建於大龍峒，即今台北市孔廟。二〇一七年，睽違一百一十年，台北孔廟重回北一女，祭典禮生與佾生手執孔子聖號儀仗，北一女儀隊於校門列隊行舉槍禮迎接，形成古今交錯特殊景象。從一九〇七年文廟拆除，到二〇一七年聖號儀仗回到文廟舊地，整整過了一百一十年。

滄海桑田，今天完全看不到文廟留下來的痕跡，只餘台北市文獻會立於北市大重慶南路側門一方石碑（圖26），證明文廟曾經立足於此。碑文「遺址在今台北市立大學博愛校區鄰近重慶南路校園內」恐怕誤導，因為國語學校實際上只分得原文廟最前端約五分之一，大概就是今天市立大學勤樸樓之範圍。文廟大部分空間、建物位於今日北一女中鄰近重慶南路校園內。也可以說，今天從重慶南路望進北一女校園，除了校門口一小部分，幾乎就是原來的文廟所在。

圖23：2017年9月17日，台北孔廟孔子聖號儀仗回北一女。地點在學珠樓。
來源：台北市孔廟管理委員會。

其實文廟還真的留下一點點線索。圖24、25是總督府國語學校取得一部分文廟基地時間前後校園平面圖對比，變化在校園東北角。圖25左上方線上標有「四一年」(明治四十一年，一九〇八年)，正是現在北一女中活動中心與台北市立大學校界，線上方(北)是北一女，線下方(南)是北市大。因為東北角這塊校地，是國語學校後來才取得，所以與原本校地略有參差。從今天台北市立大學側門左右圍牆不在同一個基準線上(圖27)，近北一校園一側稍為退縮，可推知此處為文廟最前端的萬仞宮牆、禮門、義路，位於今天台北市立大學勤樸樓同一位置。再往後走，文廟主體建物包括大成殿、明倫堂，都在今天北一女中操場位置。圖25平面圖如實呈現，仔細看會發現側門兩邊無法連成一直線，左方圍牆向外擴張了一點。

一九〇八年底取得文廟基地後，高等女學校大興土木、興建新校舍。這都是尾田信直校長任內建設的，背後一定有許多不為人知的努力與爭取。自一九〇九年起，《台灣日日新報》多次報導高女校舍「增築」、「擴張」、「落成」、「竣成」，直到一九一三年中才真正完工。在北一女中校史，把文廟校地蓋起

圖 24（上）：國語學校校地平面圖，即今台北市立大學博愛校區。來源：《台灣總督府國語學校一覽》（1906）。

圖 25（下）：台北師範學校（原國語學校）校地平面圖。來源：《台北師範學校創立三十周年記念誌》（1926）。

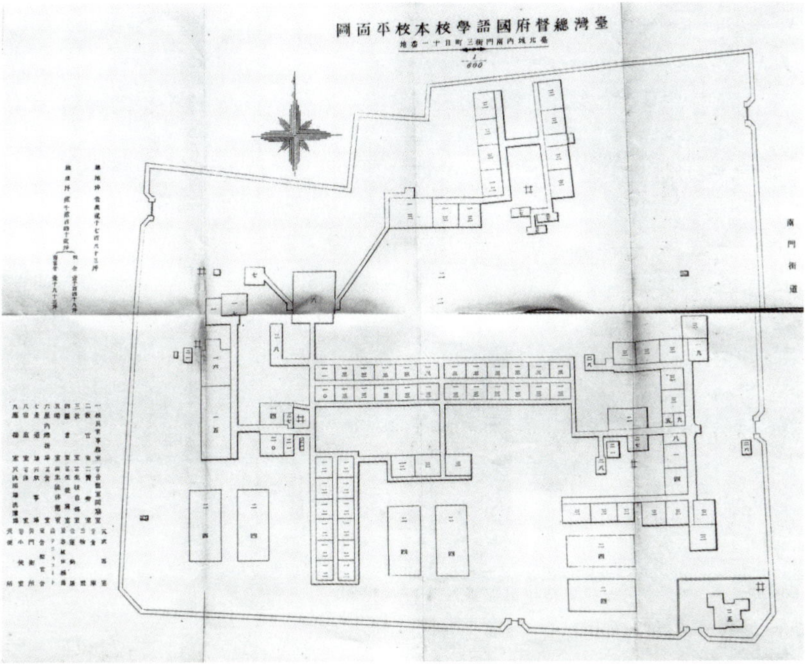
臺灣總督府國語學校本校平面圖
臺北城內南門街三町目十一番地
1/600
南門街道

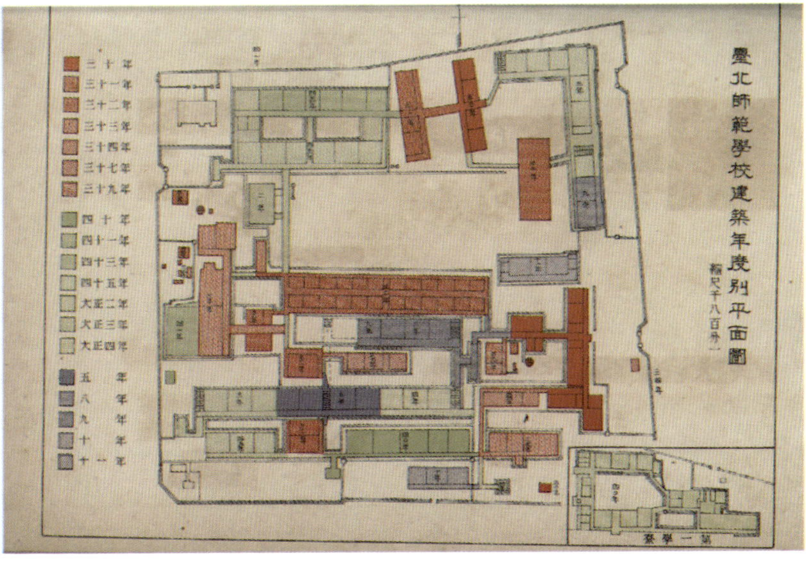
臺北師範學校建築年度別平面圖
縮尺千八百分一
三十年
三十一年
三十二年
三十三年
三十四年
三十七年
三十九年
四十年
四十一年
四十三年
四十五年
大正二年
大正三年
大正四年
五年
八年
九年
十年
十一年
第一學寮

來的這一大片教學區，統稱為「舊本館」。「本館」等同英文main building（主要建築），放在學校脈絡就是教學大樓或教學區、教學主體建築。為了讓日治台北一高女校史書寫維持一貫，一九〇四年接收的物產陳列所建築稱為「初本館」，一九一三年完工的稱為「舊本館」，而一九三三年完工的稱為「新本館」，以為區隔。

根據一九〇九年九月二十八日《台灣日日新報》報導，森山松之助主持舊本館設計：「為校況發達進步，擬本年度增建校舍二棟，並讓受國語學校一部寄宿舍，故其校地遂漸次擴張。但

圖 27：台北市立大學側門，明顯可見兩側圍牆不在同一基準線上。畫面較近、圍牆較退縮的一側才是文廟範圍。筆者攝於 2024 年 8 月 26 日。

圖 26：台北市立大學側門旁「清台北府文廟舊址」碑，2024 年 6 月新立。筆者攝於 2024 年 8 月 26 日。

此等增築，雖屬為一時得者。如於將來之校舍配置，不預為設計周備，恐於後日增築，多所障礙。故此際當局，特囑土木局森山工學士為主任，以調查其一切。現該設計大體，已略告成矣。」森山松之助是日治前期赫赫有名的土木技師，作品包括總督府、總督府專賣局，今天京都尚存、橫跨鴨川的七条大橋也是。高女舊本館是他比較早期作品。當時高等女學校處於學校位階最高的時期：直隸於總督府（一九〇九至一九一七年），所以新校舍直接由總督府土木局營繕課負責，這裡也是許多建築技術官僚任職的單位。

舊本館為木構建築，可分為北棟、主棟、南棟、生徒控所（學生準備室），異地重組的後棟也可包含其中，是一大片建築群統稱。各棟起建時間頗有差異，也不是整體規劃後施工，施工過程中有許多階段性考量、變更設計，共耗費四年半的時間才完成。至於三十年後的新本館，開工到竣工只花了十四個月。就算與舊本館同時興建的其他中等學校校舍，例如總督府中學校龍口町新築校舍（今建中紅樓為空襲後殘存）動土到完工也僅僅一年（一九〇八年動土，一九〇九年完工）。此一時間對比值得深究。

高等女學校創校時，物產陳列所校地同時規劃有教室、學寮，因為這是所有的校地。不久高女取得文廟校地，由於兩塊校地取得時間過於接近，只能放棄原規劃，改弦易張成物產陳列所校地為宿舍區（學寮）、文廟校地為教學區（本館）。物產陳列所校地已築教室，皆為木造，視情況拆除搬移至文廟校地重組。根據《創立二十五周年記念》沿革，物產陳列所校地東北、初代校門旁，於一九〇九年三月竣工的一棟兩層樓教室（校史首棟非平房校舍，圖13最右一棟），在一九一六年十二月移至文廟校地、舊本館後方，重組成為舊本館後棟。木造建築的好處是可重新組合，較具彈性，這段期間高等女學校不少建物都經歷重組或改造，後面還會敘述。

總督府中學校情況不同，不是校地擴增，是校地移轉。一九〇九年遷入龍口町新校地（即建國中學現址），煉瓦造（磚造）校舍也是一體規劃、全新落成。今天稱為紅樓，取自紅磚色外牆。由於兩校校地先天條件不同，幾乎同時興建的高等女學校校舍是木造、中學校則是磚造。百年後這個差別再明顯不過：建中以紅樓為象徵，北一木造舊本館蟲蛀下早已消失，以RC造新本館（光復樓）為象徵。

背後更根本的原因是總督府看重程度不同。日治台灣，以族群而言，重內地人學校輕本島人學校。同樣內地人，重男校輕女校。中學校無論經費、規模、校地面積、學制、升學進路，高女難以望其項背。磚造校舍不只堅固，而且涼爽通風。木造校舍看似彈性、輕巧，盛夏一早即苦於熱氣侵逼。當時高女學習環境明顯不如中學校。

一九一二年初，文廟校地舊本館北棟、南棟率先落成（圖28）。北棟位置在原來文廟最後，也就是大成殿位置，再北邊與當時尚存之總督府海軍幕僚為鄰。北棟面文武街一側（今重慶南路一段）設計成三層高度塔樓，是當時全校的制高點，最具識別性。塔樓位於今天光復樓（新本館）西棟尾端校長室相同位置。舊本館北棟往後（東），則延伸至今天北一女學珠樓西南端。至於舊本館南棟，落在今天青年活動中心、操場範圍內。

稍晚於南、北棟落成的是生徒控所（圖31），位於今日青年活動中心末端、明德樓同一位置，緊鄰國語學校（今北

圖 28（上）：森脇發行之「台北高等女學校」繪葉書，可見舊本館北棟、南棟各自獨立。

圖 29（下）：舊本館北棟塔樓特寫。地點同今天北一女中校長室。來源：《第 22 回卒業記念寫真帖》（1928.3）。

市大）。建築較為退縮、離道路較遠，常被南棟遮蔽，不是每張照片都拍得到（圖34最右可見生徒控所入口）。當時入校門後師生分途，動線不同，生徒控所有學生暫時休息功能，透過空間轉換，進入學習情境。也因為彼時師長較具權威，不同出入口反映師生地位懸殊。

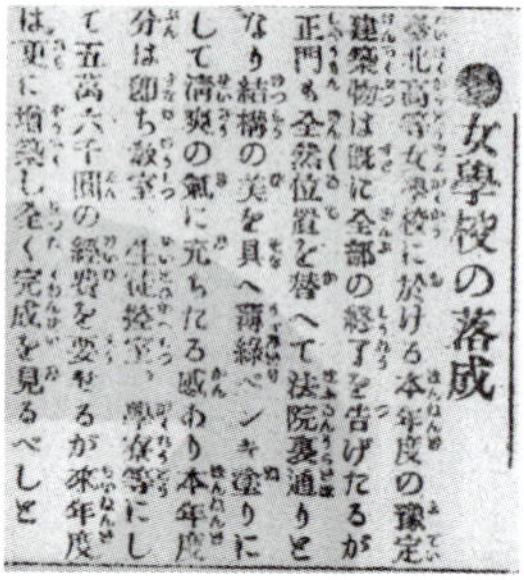

女學校の落成

臺北高等女學校に於ける本年度の豫定建築物は既に全部の終了を告げたるが正門も全然位置を替へて法院裏通りとなり結構の美を具へ薄綠ペンキ塗りにして清爽の氣に充ちたる感あり本年度分は即ち教室、生徒控室、學寮等にして五萬六千圓の經費を要せるが來年度は更に增築し多く完成を見るべしと

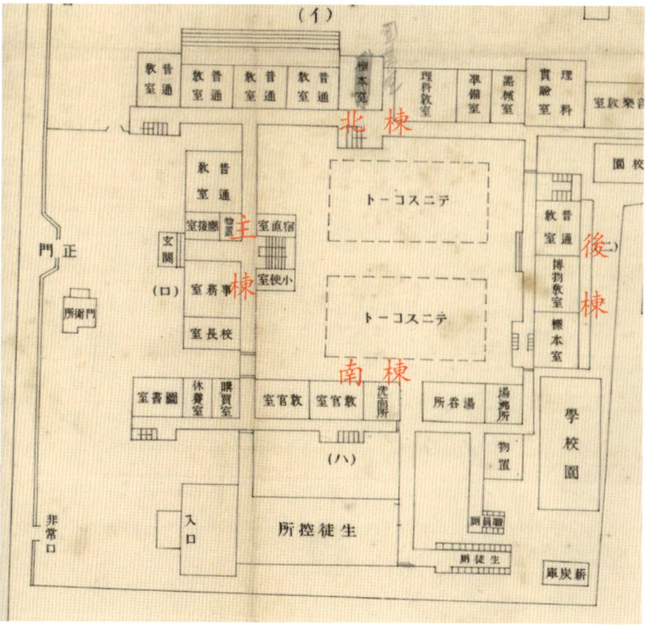

圖 30（右上）：〈女學校的落成〉，《台灣日日新報》（1912.1.20）。這則新聞所謂落成，只包括北棟與南棟。

圖 31（中上）：生徒控所正面，照片旁註明「生徒升降口」（學生出入口）。照片由北一女中校史室提供。

圖 32（左上）：此張照片時間約在 1913 年初，視角由東向西，可見正在興建的舊本館主棟背面。左側是前一年已落成之南棟。來源：《創立二十五周年記念》（1929）。

圖 33（下）：舊本館教學區平面圖，紅字為筆者添加。來源：《台北州立台北第一高等女學校要覽 大正十五年》（1926）。

舊本館最後落成的是主棟，根據《創立二十五周年記念》記載，一九一三年五月十二日「本館新築工事竣工」，宣告四年多來教學區建設告一段落。主棟也把原本各自獨立的北棟、南棟連接起來，加上生徒控所，構成面向西方、鄰近道路的連續校舍，統稱舊本館（圖34）。

一九一三年落成的舊本館建築群呈現ㄇ字型，北棟、南棟都往後（往東）延伸相當長的距離。一九一六年底，高女最早二階建（兩層樓）校舍，從物產陳列所校地移至文廟校地，在舊本館後方重組，成為舊本館後棟。這也讓舊本館從ㄇ字型變成口字型。四棟合圍的中庭，設有兩面網球場（圖35、36）。

日治時期照片皆是黑白，若製作成繪葉書，有時會人工著色，例如新高堂曾發行一張「台灣總督府高等女學校」彩色繪葉書即是（圖37）。一開始這個著色讓我感到困惑，

圖 34：這張舊本館教學區照片，完整拍到西向立面。由左至右分別是北棟、主棟、南棟、生徒控所。白字為筆者添加。1907 年以前，立於同一位置就是文廟。資料來源：《第 25 回卒業記念寫真帖》（1931.3）。

不確定是否為舊本館實際漆色。但不止一份史料支持這項說法，例如前述〈女學校落成〉新聞說外牆是薄綠色，《台北第一高女物語》則描述成「青瓷色的木造校舍」，都指向比較淺的藍色或綠色。這個輕快活潑的顏色，頗匹配十多歲天真爛漫少女。

教學區移轉至文廟校地是個漸進過程，校門移轉也有類似軌跡。直到一九一三年初，高女仍使用物產陳列所校地東北角的替代校門（圖13）。新取得文廟校地舊本館北棟、南棟雖已落成，西面鄰路只有簡易木造校門、木柵欄

圖35（上）：舊本館中庭。由西南往東北拍攝，左側是北棟尾端，中、右側是後棟。照片旁註明「中庭網球場」（中庭 テニスコート）。照片由北一女中校史室提供。

圖36（下）：舊本館中庭。網球場東往西拍攝，建物是主棟背面，也就是圖32同一面。照片由北一女中校史室提供。

（圖38）。同年年中主棟落成，校門可能在同時或稍後移轉，二代校門正式成立。替代校門退位，回歸學寮出入口。

二代校門較初代校門氣派（圖39），約在今天青年活動中心建築前方圍牆位置。右門柱上掛上直書校名木牌，左右門柱上各有柱頂燈。校門右邊開有便門。入校門右側是門衛所，左側是奉安殿（一九二九年設立）。校門與舊本館主棟玄關對應，中間有一植栽圓環（植込），導引汽車左進右出動線。校門、玄關之

圖 37（上）：新高堂發行「台灣總督府高等女學校」手工著色繪葉書（明信片）。來源：國家圖書館。

圖 38（右）：高等女學校舊本館北棟特寫。《台湾と南方支那》（1913.1）。來源：日本国立国会図書館。

間，構成一個完整、多功能的空間。

一九二三年四月，殖民地迎來日本皇族最高層級視察：攝政宮皇太子裕仁（三年後繼位為昭和天皇）台灣行啟。二十六日午後，皇太子車隊由北向南，左轉駛入台北一高女二代校門，順著植込，迴車抵達舊本館主棟玄關（圖40）。清水儀六校長與教職員早已等在玄關前奉迎。主棟一樓原本即是應接室，校長室這天也轉為記者寫真班控所（即記者採訪室，參圖41）。奉迎、奉送動線流暢，成功展現學校新門面建構的一套理性秩序。

配合氣派的二代校門，入校門右側設有獨棟門

圖 39（上）：舊本館主棟與二代校門。赤岡兄弟商會發行之「台灣總督府高等女學校」繪葉書。筆者藏品。

圖 40（下）：裕仁皇太子車隊抵達台北一高女舊本館玄關，左方可見植込。來源：《皇太子殿下行啟記念帖》（1923），台北第一高等女學校校友會。

衛所（圖42）。當時只要拍攝舊本館教學區，校門右方圍牆內獨棟尖頂的門衛所明顯易見（圖34、37）。

一九二九年以後，入校門左側新設奉安殿（圖43、44）。奉安殿全名「御真影奉安殿」，是學校用來奉置當代天皇、皇后「御真影」（照片）、教育最高指導原則「教育勅語」謄本的建築物，是日治時期學校最神聖之所在。原來奉安殿興建以前，舊本館主棟二樓已設有「御真影室」。一九二九年六月十三日新築成御真影奉安殿。此一地點並非任意選擇，須考量安全、可隨時警戒，因而位在門衛所、玄關應接室附近。學生上學入校門，須先向左方奉安殿行最敬禮，然後向右走學生路徑，進入生徒控所，展開一天的學習。放學出校門前亦須向奉安殿行最敬禮。奉安殿的位置，大概在現在光復樓西棟

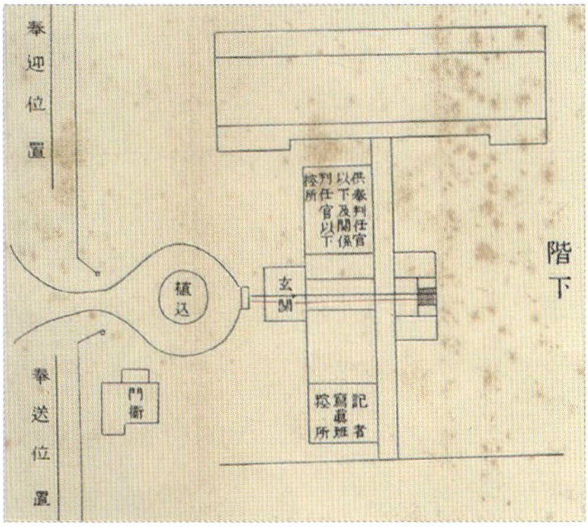

圖 41：東宮行啟台北一高女當天動線、各室配置，標示二代校門、門衛所、植込、舊本館主棟位置。來源：《皇太子殿下行啟記念帖》（1923），台北第一高等女學校校友會。

圖 42：從舊本館北棟塔樓望向門衛所，照片右下可見二代校門、校外道路（即今重慶南路）。照片由北一女中校史室提供。

尾端近圍牆處。

現在稱作舊本館，當時是新築教學區，有學科專科教室、新穎的教學設備。例如北棟後段數間教室連續設有理科教室（圖45）、準備室、器械室、理科實驗室（圖46）。普通教室也是寬敞、明亮、通風（圖47、48），只差在夏天不夠涼爽。與物產陳列所時期的教室不足、因陋就簡，不可同日而語。

陳列所校地：學寮

圖43（右上）：這張照片是校內門衛所附近向北望，左邊是二代校門，右邊被樹木植栽局部遮蔽的是奉安殿。照片由北一女中校史室提供。

圖44（右下）：奉安殿正面。《第25回卒業記念寫真帖》（1931.3）。

圖45（左）：舊本館北棟的理科教室。來源：《第26回卒業記念寫真帖》（1932.3）。

就在接收文廟校地、與築舊本館教學區的同時，物產陳列所校地也經歷了不小的變化（圖49）。原來陳列所前方庭園水池部分，教室逐漸消失，轉成純宿舍區

圖46（上）：舊本館北棟的理科實驗室。來源：《第22回卒業記念寫真帖》（1928.3）。

圖47（中）：普通教室，正在教授英語。從樓梯判斷教室位置可能在舊本館後棟。來源：《第26回卒業記念寫真帖》（1932.3）。

圖48（下）：普通教室，正在教授歷史。這張照片可見天花板局部。來源：《第27回卒業記念寫真帖》（1933.3）。

（學寮）。時有增築、改築，設施不斷增設，機能趨於完善。

負責宿舍區總體設計的是近藤十郎，他是總督府土木局營繕課著名的建築技術官僚，作品包括總督府醫學校、總督府中學校、第二代台北病院（今台大醫院西址）。一九一〇年四月十九日《台灣日日新報》報導，增築落成的高等女學校宿舍是「和風建物」，頗具規模，共三百四十七坪，皆為平房。有浴室、洗濯場、配膳室、炊事場、食堂，作為主體的宿舍共十間，一間十疊（約五坪）可供四名學生寄宿（圖51、52）。根據《創立二十五周年記念》「學寮沿革」，一九一一年九月，寮舍開始供應自來水，電燈也終於點亮，大幅提升寄宿生生活品質。

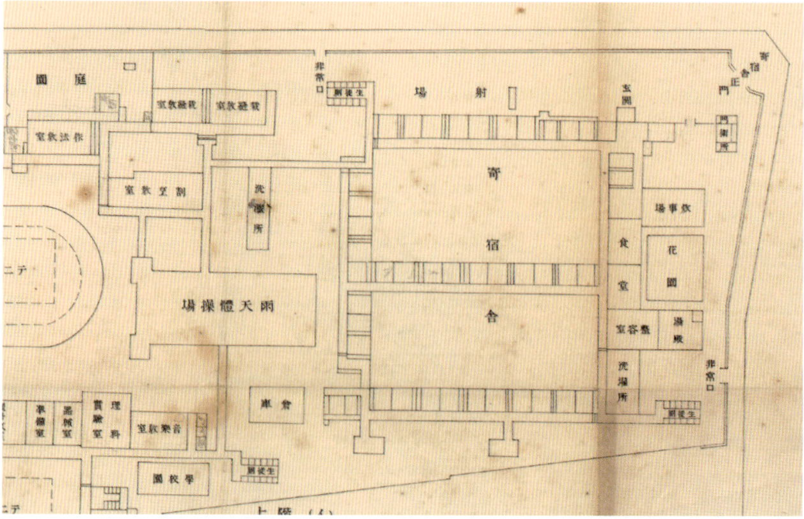

圖 49：物產陳列所校地。來源：《台北州立台北第一高等女學校要覽 大正十五年》（1926）。

此後一九一六年、一九一九年續有增築。一九一六年之增築，可從《台灣日日新報》十月二十二日的報導得知：「北畔宿舍移于測候所後面校地，而以其處充教室。茲又於該宿舍舊址，以阿里山檜新建宿舍一棟。擬十二月下旬竣工云。」即前述將校史最早二階建教室，移至文廟校地重組為舊本館後棟，原地再蓋新宿舍。兩次增築後，完成日字型環抱宿舍區，範圍、位置與現在口字型至善樓教學區大致相

圖 50：由測候所往北看高等女學校學寮。此處相當於今日至善樓教學區，右方道路即公園路。最遠方隱約可見兒玉後藤紀念館（今國立台灣博物館）。照片由北一女中校史室提供。

圖 52：高等女學校學寮座敷（榻榻米房間），正在舉行學寮祭。拍攝時間不明。來源：《台北第一高女物語》。

圖 51：高等女學校學寮緣側（走廊）。來源：《台灣日日新報》（1910.5.17）。

同。

替代校門就是寄宿舍正門。門本身不變，一九一〇年宿舍增築落成時，沿著物產陳列所校地邊緣，圍起鐵筋（鋼筋混凝土，RC造）圍牆，這是台灣首次運用鋼筋混凝土興建圍牆，全台第一，應該在校史記上一筆。一九一三年舊本館主棟完成、校門轉移至二代時，一樣的鋼筋混凝土圍牆也在舊本館教學區周邊築起。

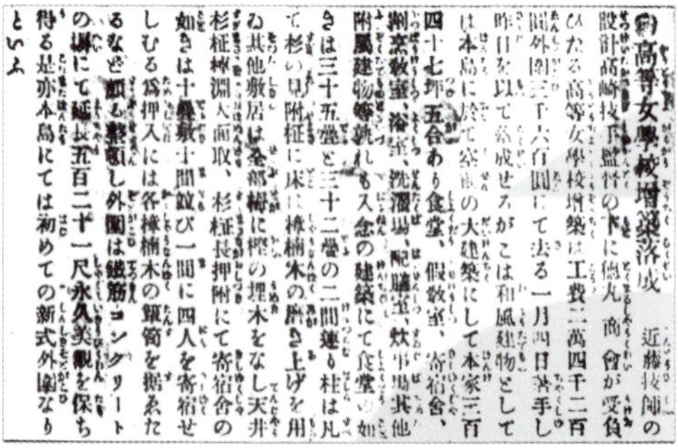

◎高等女學校增築落成

近藤技師の設計高崎技手監督の下に德丸商會が受負ひたる高等女學校增築は工費二萬四千二百圓外に三千六百圓にて去る一月四日着手し昨日を以て落成せるがこは和風建物として本島に於て空前の大建築にして本家三百四十七坪五合あり食堂、假教室、寄宿舍、割烹教室、浴室、洗濯場、配膳室、炊事場其他附屬建物等孰れも入念の建築にて食堂の如きは三十五疊と三十二疊の二間連り柱は凡て杉の早附柾に床は檜楠木の磨き上げを用ゐ其他敷居は全部樫に樫の埋木をなし天井杉柾棹淵天面取、杉柾長押附にて寄宿舍の如きは十疊敷十間竝び一間に四人を寄宿せしむる爲押入には各檜楠木の簞笥を据ゑたるなど頗る整頓し外圍は鐵筋コンクリートの塀にて延長五百二十一尺永久美觀を保ち得る是亦本島にては初めての新式外塀なりといふ

圖 53：高等女學校增築落成。報導提到設計者「近藤技師」，也提到這是本島第一座鋼筋混凝土圍牆。《台灣日日新報》（1910.4.19）。

圖 54：由左至右：替代校門旁圍牆、二代校門附近圍牆、校內視角圍牆。照片均由北一女中校史室提供。

圖 55：北一女中重慶南路側圍牆現況。筆者攝於 2024 年 9 月 9 日。

圖 56：玄關，管制學生進出宿舍。照片由北一女中校史室提供。

一九一〇年代前期興築的鋼筋混凝土圍牆，由上至下切成三段，上段、下段較短，中段較長。上段半圓鏤空後飾以細欄杆。今天北一女中圍牆由上至下還是切成三段，與日治時期相比，上段半圓鏤空消失，下段更短。筆者推測：今天北一女中圍牆就是原日治時期圍牆，戰後歷次整修圍牆，都只是在日治原圍牆基礎上施作，填實鏤空，加固牆體，重新裝飾壁面等。至於圍牆下段較短，應該是地基墊高的結果。最初圍牆落成時，《台灣日日新報》以「永久美觀」形容，過了一百多年，一些建築細節在整修時抹除，逐漸失去風采，「美觀」不在，但屹立不搖，「永久」延續。

進入寄宿舍正門後，沿著圍牆一側（相當於今天至善教學區北棟位置）先有玄關（圖56），再往前有射場（弓道場，圖57），可比對圖49平面圖確切位置。

陳列所校舍：轉變為雨天體操場

位於宿舍區西側的物產陳列所建築本體，也就是初本館，建校最初幾年湊合使用，但終究不是學校建築，可能在一九一一年遭到拆除命運。《創立二十五周年記念》「本校沿革」一九一一年十二月二十三日條：「生徒控所及雨天體操場增築。」由於雨天

圖 57（上）：弓道場。一高女弓道部於 1925 年創設。照片由北一女中校史室提供。

圖 58（下）：雨天體操場。由測候所拍向總督府方向，下方是宿舍區。照片由北一女中校史室提供。

體操場位置與原物產陳列所完全相同（也就是現在學珠樓位置），有可能是舊建材重組而成。在《光復樓古蹟調查研究暨修復再利用計畫總結報告書》有一段：「物產陳列館為南北長向建築，雨天體操場則為東西長向，因兩者均屬大型室內空間，且木構建築構件再利用或局部拆解重組的狀況相當常見，因此雨天體操場可能有部分構件係來自於物產陳列館。」初本館藉由雨天體操場重獲新生。

一九二四年擴建的雨天體操場，一路使用至日治末期，是戰前一高女大型室內活動場地，功能接近現在的

圖 59（上）：全校學生在雨天體操場集會，視線指向體育館前端舞台。照片由北一女中校史室提供。

圖 60（下）：1938 年 11 月 13 日慰問學藝會，於雨天體操場舉行，視線指向體操場後端。照片由北一女中校史室提供。

青年活動中心，全校集會、演講、室內體育活動、音樂會、創設紀念典禮、畢業典禮，都可以在這裡舉行。視需要亦可借給校外單位使用。前端（東端）舞台後方布置黑白相間條狀布幔最具特色，更高處有「女教大觀」（集女子教育之大成）裱框書法（圖59）。據上原ヒサ（一九二九年第二十三回畢業）回憶，作品出自中國高齡書法家，在全校師生面前大筆揮毫而成。雨天體操場後端（西端）有出口，出口上方設有籃球架，說明平日用於體育活動（圖60）。左右兩側開有大面積高窗，通風明亮。看向屋頂，木結構清楚可見。

一九四五年五月三十一日台北大空襲，台北一高女校內多處落彈，雨天體操場被炸掉一角。幾個月後台灣政權轉移，雨天體操場成為待處理廢墟（圖61）。拆除後，原地興建敬學堂（一九五〇年）。經過多次變

圖61：空襲後的雨天體操場已成廢墟。此張拍攝角度由南向北。原照片有誤，已水平翻轉（根據空襲後美軍航照圖）。來源：《台灣省立台北第一女子中學》（1947.7）。

遷，如今是學珠樓所在。可以說，學珠樓北半（近光復樓），就是雨天體操場位置，更早就是物產陳列所。

面對原物產陳列所建物右方與右後方，還延伸有一塊地，是物產陳列所校地一部分，約略等於今天光復樓北棟後段、中正樓前段位置。當花園水池逐漸轉為宿舍區，這塊延伸校地先後容納了裁縫、作法（禮儀）、割烹（烹飪）教室（參見舊本館時期平面圖位置）。「本校沿革」一九一九年三月三十一日條記載：「新建作法教室與割烹教室。」（圖62）這樣的校園景觀，一直維持到一九三二年開始興建新本館、拆除這一帶多數建築為止。

當時校園規劃井然有序。文廟／舊本館教學區代表的是明治維新以後現代、西方教育內容，教授英語、博物、理化等學科。物產陳列所校地轉成的學寮，以及

圖 62：這張照片西南望向東北，從舊本館望向作法教室（左）、割烹教室（右），遠處可見總督官邸（今台北賓館）。照片右方樹木若再往右，即是雨天體操場。照片由北一女中校史室提供。

圖 63：作法教室內部。來源：《創立二十五周年記念》（1929）。

與學寮相連、位於物產陳列所校地西北的裁縫、作法、割烹等教室，則延續日本傳統女性定位，奉行良妻賢母意識形態。隔在涇渭分明現代／傳統兩區域中間的，則是雨天體操場。

海軍幕僚校地：轉變為舊操場

日治前期，台灣總督兼管軍政、民政，反映在制度上，便是武官總督底下有陸軍幕僚、海軍幕僚兩個一級參謀機構。一八九七年底，海軍幕僚成立於今天北一女校門口一帶，相當於今天進校門後，光復樓北棟（貴陽街一側）不超過校安中心，西棟（重慶南路一側）不超過第一會議室，基地大致呈方形。南邊緊鄰文廟末端，東邊就是物產陳列所本館後院。事務室由三棟平房組成，呈ㄇ字型，開口向西，面對文武街（今重慶南路一段）。

一九〇四年六月十六日《台灣日日新報》提到：海軍

圖 64：隱身在物產陳列所本館後方的海軍幕僚。圖 20 局部放大。

幕僚事務室遷離，原建築轉為海軍幕僚宿舍。女學校創校前夕，此一基地重要性降低許多。

海軍幕僚先於高等女學校成立，一九〇八年高女取得文廟後，校地反過頭來包圍海軍幕僚。沒有海軍幕僚這塊地，校地像是被咬掉一塊！加以此時島內抗日活動逐漸降溫，軍事單位有調整、轉移空間。形勢使然，海軍幕僚遷離只是早晚。

相較於前兩塊校地，高女何時取得海軍幕僚校地，歷次「學校沿革」、「本校沿革」均無記錄，似乎不是校史特別重要之事。相關記載也罕見。一九一四年五月十二日《台灣日日新報》〈女校擴張〉：「高等女學校，以從來校地狹隘，運動場其他之設備多著不便。此次由隣接之海軍集會所讓與敷地約七百坪，交涉已就妥，不遠校內便可推擴廣大。其與愛國婦人會相對之地面亦歸該校所有云。」同年八月六日〈高等女學校近況〉提到海軍集會所讓與敷地約八百五十坪，加上原有校地，校地面積共約八千坪。臨道路側築起鋼筋混凝土圍牆，與原有圍牆連結，完整包圍整個學校。創校十年。迎來高女發展重要一刻：三塊校地併合後呈現L型，相對完整。此後學校一直維持相同校地形狀與校地規模，迄今不變。雖然戰後初期曾爭取到位於今天凱道南側的新校地（總統府前南廣場、介壽公園），但只是名義擁有。實際上未曾利用，最後也保不住。

這裡我們看到高女校地擴張與校舍規劃的特性：由於校地不是同時取得，無法一口氣整體規劃。三塊校地先後併入、逐步拼湊，有了新的一塊，便局部調整空間利用方式，頗有邊穿衣邊修改意味。譬如有了文廟這塊地，教學很快移就到這一區。再有海軍幕僚這塊地，就當做運動場地，以及集合場所。

海軍幕僚校地占校地面積約十分之一，取得後整理基地，未興築校舍，規劃為運動場（舊操場）。此前高女運動空間有限，主要在舊本館的中庭、雨天體操場。此後室內、外運動場地兼備，空間較為充足。一九二〇年代，台北第一高等女學校迎來體育活動全盛時期，奠基於最後取得的這塊校地。許多球類競賽、

圖 66：〈一高女的運動會〉，《台灣日日新報》（1922.10.23）。這是舊本館北棟往北望，可見梯形屋頂的度量衡所。照片左側是總督府。

圖 65：總督府中央塔視角的校地、校舍全景，攝於在1910年代中期。照片中下四方匡圍的是海軍幕僚，鄰近舊本館的一棟已拆除；照片左邊是學寮、雨天體操場；照片右邊是舊本館教學區。這也是難得一見明確區隔三塊校地的照片。資料來源：《北一女百年影像》。

陸上競技（田徑）、校內大型活動，都在運動場舉行。

一九二二年十月二十二日，校史第一回體育演習會（運動會）在此舉行（圖66）。《台灣日日新報》描述盛況：「二十二日上午七時，六百餘名之在校女生，一聞煙火三發為號，即陸續到庭取齊。其時觀覽席之父兄母姊及家族等，已各攜帶行廚擁至。各女生整列後合唱國歌二闋。有清水（儀六）會長一場告詞，然後開始競技。下午有外校之公學校兒童徒步競走，及職員來賓競走。計演技約百七十三回。於下午四時過，無事閉會。是日對於各演技之優勝者，授以證狀。對於優勝之團體，則授

圖67：台北一高女拔河比賽。這張照片由舊本館北棟望向西北，總督府是醒目的背景，右邊可見度量衡所，最右側是尤加利樹。照片由北一女中校史室提供。

以優勝，以代賞品。」

據松脇不二子（一九二九年第二十三回畢業）回憶，空曠的運動場中央，聳立一株高大尤加利樹，特別醒目，樹蔭是師生運動之餘，休息乘涼的好地方（圖67、68）。

舊本館北棟原先與海軍幕僚相望，海軍幕僚校地闢為運動場後，北棟側面一、二樓走廊順勢成為看台。由於大型活動都在這裡舉行，現在北一女中校史室庋藏的不少照片，都在這個空間取景，是舊本館時期熱門拍攝地點。一九二三年四月二十六日東宮行啟，皇太子裕仁（三年後即位為昭和天皇）離開一高女前，就是在北

圖 68：圖 67 視線再往右望，可見運動場東北方的作法教室、割烹教室。照片由北一女中校史室提供。

棟二樓看台（圖72），接受全體師生的奉送。當下他也一定瞥見左前方量體巨大的台灣總督府。

一九一〇年代中期，高等女學校附近出現新的制高點：總督府中央塔。高約六十公尺的中央塔，終日治時期高於全島任何建築。塔樓俯瞰東南，就是高女校舍全景。圖73中間的大V形狀，是道路與學

圖69（左上）、圖70（右上）、圖71（左下）、圖72（右下）：舊本館北棟的各種角度，一、二樓均可作為運動場的看台。圖 70 推測攝於運動會，坐在會長席的是浮田辰平校長。圖 72 是舊本館北棟二樓看台望向總督府，包括裕仁皇太子在內不少皇族成員，都曾在這裡檢閱學生集會、活動。照片均由北一女中校史室提供。

圖 73：總督府中央塔視角的台北一高女校舍全景。資料來源：《第 25 回卒業記念寫真帖》（1931.3）。

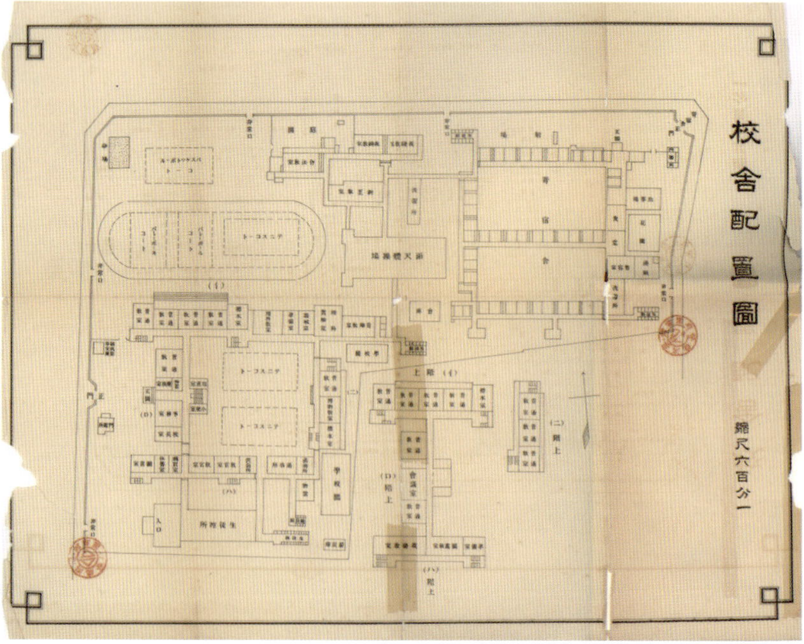

圖 74：校舍配置圖。右下已是台北測候所敷地，並非校舍越界，而是舊本館二樓配置。資料來源：《台北州立台北第一高等女學校要覽 昭和四年》（1929）。

校間的圍牆，可以看出沿著圍牆校內、校外栽植許多樹木。V字型轉角處，在校內便是運動場，校外兩條路交會，也就是現在貴陽街、重慶南路十字路口，現在北一女中校門口位置。運動場左邊（東側）尖頂建築是雨天體操場，更左邊則有一部分學寮入鏡。運動場右邊（南側）是量體龐大的舊本館教學區，再過去是台北師範學校（原國語學校，今台北市立大學），最遠方深色高塔是總督府專賣局（今台灣菸酒公司總部）。照片右下角是愛國婦人會，一九三○年代初期以前，一直是我們的鄰居，之後被高等法院取代。

從舊操場到新本館

高等女學校在一九一○年代完成校地整合、舊本館教學區建設，耗費許多力氣，應該是長久之計。沒想到才過了二十多年，校舍問題便已浮現：來自殖民母國邏輯的木構建築，不敵熱帶台灣嚴苛的自然條件，面臨嚴重的白蟻蛀蝕問題。一九二○年代後期，問題逐漸變得明顯，校方不得不慎重考慮重建教學區。據〈浮田校長落成典禮致辭〉（落成式での浮田校長挨拶），建校以來多次增建的木造校舍，受白蟻危害，已生危險，部分空間因而停用。加上校舍建設前後想法不同，規劃、配置缺乏一致性，使用頗感不便，必須新築校舍。浮田辰平的談話，說明高等女學校早期興築之校舍，無論建材或規劃都缺乏遠見。此時不得不大刀闊斧徹底革新。

清水校長時期，已有新建本館打算，未能付諸實行。浮田校長上任後，積極爭取，終於在一九三二年六月獲得上級台北州同意編列預算、計畫工事。

本館新建說起來容易，做起來難。所有校地固定不變卻想蓋新校舍的學校，都會面臨施工期間教學如何繼續、學生如何安置的問題。當時台北一高女採取的方式，與多數學校的選擇相同，就是在校園空地蓋新校舍。海軍幕僚校地的關鍵地位在此顯現。一九一四年取得的海軍幕僚校地，最初意義是設置操場、擴充學生體育活動空間，同時讓校地相對完整。這時卻是興建新本館必須利用的基地。可以說沒有海軍幕僚校地，新本館不可能誕生。

但海軍幕僚校地不大，放不下整個新本館。主責的台北州土木技手篠原武男，最初呈報的計畫野心頗大，新本館西棟（臨重慶南路一側）甚長，長度與北棟（臨貴陽街一側）相同。倘若這個計畫成真，今天光復樓西棟會往南一路延伸，直抵青年活動中心前半部。這意味著，戰後的北一女中校園規劃方式將大不相同，戰後無法蓋出一樣規模、大小的大禮堂或青年活動中心。這個計畫不久作廢，西棟改短許多，很可能是因為這個計畫與原來舊本館教學區重疊太多，若得先拆除舊本館，學生將無處安置。在沒有替代方案下，只能收斂西棟長度。

修正後計畫，西棟縮短近半，就是今天的長度與樣子，收尾在現在的校長室、秘書室與廁所。然而，就算是大幅妥協以後的方案，西棟最南端與舊本館仍有一小部份重疊。解決之道是先拆舊本館北棟一部分。前面提過，舊本館北棟有著三層樓高尖塔，可以俯視全校，也是從遠方看向高女時最鮮明的特徵。此時率先拆除，諸多事蹟與榮耀成為往事。

倒是新本館北棟棟長依原規劃無修正，本來就計畫拆除裁縫、作法、割烹諸教室，僅保留空間無重疊、具集會功能之雨天體操場。

以整體校地來說，東側宿舍區不在這一波改造範圍，不受影響。新本館北棟向東延伸，拆除舊校舍，只留雨天體操場。新本館西棟向南延伸，拆除舊本館各棟，僅餘校園最南端的生徒控所。

這是北一女一百二十年歷史中，校舍配置最大一次變化，同時也是最戲劇性一次挪移：舊本館變成新操場，舊操場變成新本館，位置對調。原本校園最空曠的海軍幕僚校地蓋成新本館教學區，原本舊本館教學區全數拆除，變為空曠的新操場、跑道。正因為兩塊校地功能互換，完全顛倒，導致今日不易理解舊本館時期校園空間。

圖 75：「舊校舍舉行之最後朝會」（舊校舍ニ於ケル最後ノ朝會），時間應該在 1932 年 9 月。照片由東向西拍攝，最左邊是舊本館北棟，最右邊是尤加利樹。遠處可見興建中的總督府高等法院（今司法大廈）。照片由北一女中校史室提供。

事件	日期
起工日	1932 年 9 月 12 日
地鎮祭	1932 年 9 月 15 日
上棟祭	1933 年 8 月 18 日
實際使用	1933 年 9 月
完工日	1933 年 11 月 30 日
移轉典禮	1933 年 12 月 28 日
落成典禮	1934 年 1 月 27 日

表 3：新本館施工重要日期

目前北一女中校史室典藏數本日治時期相簿，其中一本收有不少舊本館使用末期、新本館從施工到完工之照片，這是一高女濃厚歷史意識的展現。多虧這些照片的翔實紀錄，讓九十多年後的我們，不只透過文字，還能透過鏡頭，一窺校園景觀的巨大變化。

一九三二年九月十七日《台灣日日新報》報導〈一高女改築 舉地鎮祭〉：「台北第一高女校舍改築，自數年前計畫。諸準備既周，乃於本月十六日興工。先于十五日午後一時四十分，在同校校庭，（台北）州其他關係者出席後，舉行地鎮祭（類似破土典禮，蘊含宗教意

義）。伊東稻荷神社社司祝詞。深谷州會計科長、前田土木課長、篠原技手等玉串奉奠。于九時餘閉式。」（圖76）

施工期間，為了維持教學正常運作，新、舊本館曾經在一九三二至一九三三年間共存，《第二十八回卒業記念寫真帖》收錄的這張照片格外重要（圖78）。新本館西棟與舊本館北棟毗鄰而立，等於連結了兩個時期的校舍配置，從今天屹立不搖的光復樓（新本館），可以推知舊本館時期每一棟樓約略位置，甚至可以再回推文廟的大致範圍。整個北一女中校地、校舍演變，因此有明確脈絡可依循。

新、舊本館共存時期，也是校

圖 76（上）：1932 年 9 月 15 日，於海軍幕僚校地舉行神道教地鎮祭。右側可見列隊觀禮之學生。照片由北一女中校史室提供。

圖 77（下）：「建築基本工事」，舊本館視角下，興建中的新本館西棟鷹架、鋼筋結構。轉角處不久前才舉行過地鎮祭。右側可見仍在使用的舊本館一角。照片由北一女中校史室提供。

史上校舍密度最高時期，整個校園活動空間受到很大限制。體育演習會因而改在圓山運動場（円山グラウンド，今中山足球場）舉行（圖79）。而新築工事緊臨舊本館，教學想必也受到不小的干擾。這些都是無可奈何、必須忍受的過程。

新本館興建速度飛快，只花了一年左右時間。一九三二年九月還在舊操場空地舉行地鎮祭，一九三三年九月已有學生進駐新本館。根據李百合（一九三七年第三十一回畢業）的回憶，一九三三

圖 78（上）：新、舊本館並存。舊本館北棟已先拆，與新本館幾乎相連的是舊本館主棟。來源：《第 28 回卒業記念寫真帖》（1934.3）。

圖 79（下）：在圓山運動場舉行之體育演習會。依相簿脈絡及學校年中行事，推測攝於 1933 年 10 月或 11 月。照片由北一女中校史室提供。

年四月入學時在舊本館上課，九月旋即進駐新本館，成為第一批使用的學生，見證歷史性的一刻。《台北第一高女物語》則記載，學生移轉至新校舍的日子為一九三三年十二月二十八日。這有可能是非正式與正式遷入新本館的時間，亦有可能是局部使用與全體遷入新本館的時間。

一九三三年八月十八日舉行神道教奉鎮祭／上棟祭（上主樑），代表新本館主結構已完成，並安放棟札於棟木之上，正面書有住宅、工匠守護諸神明名稱，背面書有上棟日期、業主、建築師、監造、承攬、工匠長等，可說是新本館的身分證件。二〇一〇年底，北一女中拆除新本館戰後加蓋之四樓時，在三樓轉角樓梯旁教師休息室（光復三〇四室）天花板內發現棟札，先行取下，拆除作業完成後復歸原位。二〇二一年年底古蹟修復工程期間再取下棟札修復清理，完成後於二〇二二年六月二十四日加固復位。仿製品目前展示於新本館三樓教師休息室（圖80），同室上方天花板內就是原始棟札所在。新本館棟札的這段旅程，說明學校對校史文物的重視與謹慎。仿作棟札也成為校史教學重要教材。

一九三四年一月二十六日《台灣日日新報》〈一高女新校舍 來廿七日 舉落成式〉：「台北第一高女校舍，工費十八萬餘元，自客年建築中，日前竣工。訂來二十七日午前十時，舉落成式。二十八日午後一時，開祝賀音樂會。又校門設向（總）督府廳舍，正面建四層樓，其餘皆三層樓。屋上全部為露台。而從來舊舍，僅留雨天體操場，餘全折去。運動場有三千坪以上。建物內部床壁天井其他，皆用最新式云。」根據新聞內容，舊本館可能在一九三三年底至一九三四年初拆除，落成典禮舉行時已拆除殆盡。

新本館早在一九三三年十一月底完工，近兩個月後才舉行落成典禮，原因有二：一九三四年

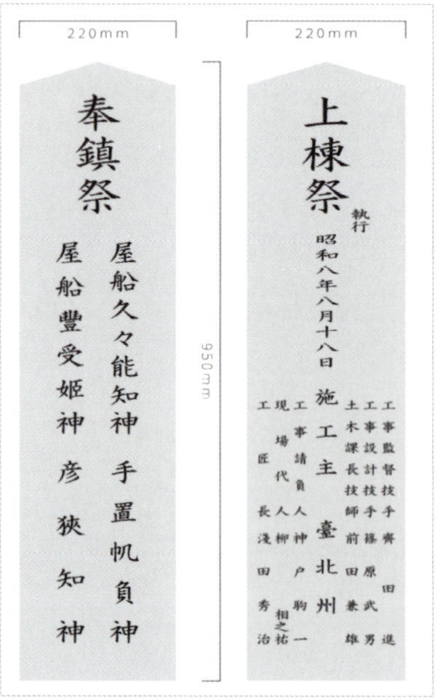

圖80（右）：新本館三樓教師休息室展示櫃內仿作複製之棟札。筆者攝於2024年9月25日。

圖81（左）：棟札尺寸與正、背面文字。來源：《直轄市定古蹟「台北第一高女（光復樓）」修復及再利用工程期末工作報告書》（2023）。

適逢創校三十周年，雖然創校日還要等到十月三日，但高女從一九〇四年一路走到一九三四年，以甫落成之新本館當作校史三十年里程碑，再合理不過。此外，移入新本館並拆除舊本館後，才能彰顯新本館代表的全新校園規劃。新聞所謂「從來舊舍，僅留雨天體操場，餘全折去。運動場有三千坪以上」，大破大立，學校氣象一新。

落成典禮是台北一高女頭等大事。上午十點，全體學生在雨天體操場集合，台北州知事野口敏治、工事主任台北州土木科技手篠原武男、校長浮田辰平先後致詞。篠原技手在〈校舍工事報告〉（校舍工事報告から）特別提到「教

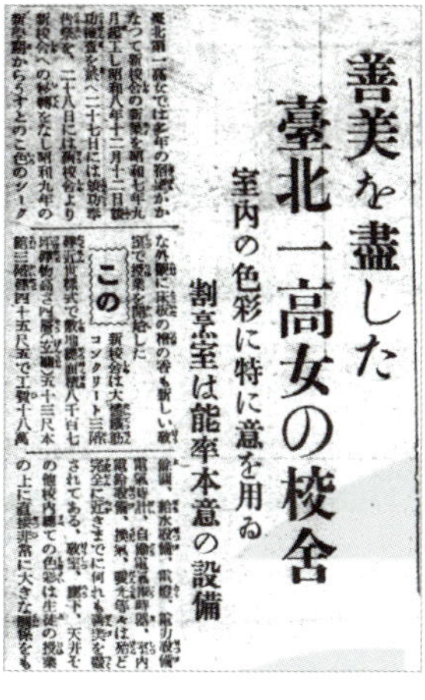
善美を盡した
臺北一高女の校舍
室内の色彩に特に意を用る
割烹室は能率本意の設備

圖 82（上）：1934 年 1 月 27 日舉行的新本館落成典禮。照片由北一女中校史室提供。

圖 83（左）：新聞報導特別強調新本館的室內用色。來源：《台灣日日新報》（1934.1.24）。

圖 84（右上）：落成典禮當天登上新本館四樓的貴賓。照片由北一女中校史室提供。

圖 85（左上）：從新本館四樓北望景色，大屯山積雪明顯可見。照片由北一女中校史室提供。

圖 86（左下）：新本館四樓現況，視角與圖 84 接近。拆除加蓋、整修後的中央塔樣貌已然不同，地面有整齊排列管線，以及冷氣室外機。筆者攝於 2024 年 12 月 2 日。

圖 88：圖 87 相同位置今貌。筆者攝於 2024 年 12 月 2 日。

圖 87：新本館落成當年，畢業之四年南組師生在四樓屋頂合影。女兒牆、栗山式隔熱地板清楚可見。來源：《第 28 回卒業記念寫真帖》（1934.3）。

室和走廊的色調最費苦心，幸虧學校當局參酌學生意見並博採眾議，訂出各方都能接受的結果」。可見新本館的興建，學生並非只是被動接受結果，而有主動參與決策過程。浮田校長在〈浮田校長落成式致辭〉則說雖然現在新校舍是在學八百位學生的專有物，但大家要養成良好的使用習慣，好好愛惜。因為新校舍的生命恐有百年之久，將來還有數以萬計的學生接續使用。浮田校長這一席話，對於九十年後仍在使用新本館的北一女師生，應該有很大共鳴。

落成典禮後，眾多貴賓從新本館轉角的中央塔樓梯，來到四樓屋頂，這是全校最高、視野最好的地方。從屋頂向北望，近處是度量衡所屋頂，遠處有圓頂的建築是兒玉總督後藤民政長官紀念館（今國立台灣博物館），最遠處是大屯山脈。那天相當寒冷，雪景清晰可見（圖85）。

落成典禮隔日還有祝賀音樂會，整個新本館慶祝活動極其隆重，歷時兩天。

新本館：學校的新堡壘

相較於主導舊本館的森山松之助（一八六九至一九四九年），新本館設計者篠原武男（一八九四年至？）已是新一代技手。篠原畢業於工手學校（今工學院大學）建築科，精熟土木技術。來台後從基層做起，先後在總督府土木部、台北州內務部土木課任職，逐步晉升。日治中期以降，殖民地台灣技師人才青黃不接，篠原這類透過長期累積經驗受拔擢之技手，頗為常見。

一九三〇年代是篠原武男職涯黃金時期，先後為台北州四所高等女學校、中學校設計新校舍，其中台北一高女新本館的時間最早，也成為其他三校新築本館的原型（表4）。一九三四年三月，篠原從台北州土木技手升任建築技手，同時兼任營繕係長，掌理轄內重要建築設計。一九三五年六月升任建築技師。幾次升職，都在一高女新本館落成後未久。一高女新本館的成功經驗，

原校名	今校名	校舍今名	竣工
台北第一高等女學校	北一女中	光復樓	1933年
台北第二高等女學校	（戰後廢校）	立法院行政大樓北棟	1936年
台北第三高等女學校	中山女中	逸仙樓	1937年
台北第三中學校	師大附中	西樓（局部保留）	1938年

表4：1930年代篠原武男校舍設計作品

為篠原職涯增色不少，不久也在其他三校發揚光大。

日治台灣，官方建築經歷過木造、磚造（煉瓦造）、RC造（Reinforced Concerte Construction）三個階段。建中老校舍稱為「紅樓」，西門町也有「紅樓」，甚至當時的台灣總督府（今總統府）概念上也可喚做紅樓，因為這些建築主要構成材料都是赤煉瓦（紅磚）。這是當時建築主流，時代的印記。

到了一九三〇年代，現代主義（modernism）襲來，建築不再重視華麗的外表，不再有爭奇鬥豔的屋頂與牆面裝飾，而是返璞歸真，重視建築本身的實用功能。建築看起來像是幾個方塊的簡單堆疊，外觀常見水平連續線條，帶來某種「現代」的簡約感。建築的現代主義，代表了一種強烈的反歷史傾向，不必擷取希臘、羅馬、巴洛克等歷史元素。除此之外，這類建築也直接應用了工業化以後的現代建築材料：鋼筋混凝土。由於建築表面呈現灰色，通常會再貼上磁磚。於是，整個建築無論是邏輯、材料、工法，或是視覺感受，都與此前的建築大異其趣。篠原武男設計的新本館，充面展現這些現代主義的特徵。

台北一高女新本館走在時代前端，是台灣現代主義建築的先驅。此後現代主義建築逐漸成為主流。

不過，現代主義外觀上的樸實、簡潔，不是拒絕裝飾，而是低調裝飾，內斂自得。譬如新本館玄關，頂端有橫向帶狀連續裝飾圖案（圖89），按《光復樓古蹟調查報告書》推測可能是棕櫚。這真的很可愛，是篠原技手的巧思，對簡潔的新本館來說有畫龍點睛效果。原本轉角中央塔最高處也有相同的橫帶裝飾，但

圖 89（右上）：新本館北棟由西向東望，可見玄關頂端連續棕櫚圖案。這張照片拍攝角度，特別彰顯了現代主義建築的水平線條。來源：《台灣建築會誌》（1934.6）。

圖 90（左上）：東往西望向玄關。除了頂端棕櫚圖案，與拱門之間還有勳章飾。照片由北一女中校史室提供。

圖 91（左下）：新本館玄關今貌，不見勳章飾，由光復樓三字取代。由於地面墊高，階梯已消失。筆者攝於 2024 年 9 月 24 日。

戰後加蓋四樓時遭覆蓋破壞。古蹟修復時開模泥塑、仿舊新作，目前已恢復橫帶裝飾舊觀。北一女西邊鄰居司法大樓（前為台灣總督府高等法院），上方也有鳳梨紋裝飾。這些取材自熱帶的元素，是台灣建築獨特珍貴之處。

水平延伸線條、連續方形窗戶，容易因為單調，造成視覺疲乏，所以會在適當的地方小小變化一下。新本館較長的北棟，因而在正中央處開一出口面向操場，並設置半圓形階梯。出口不大，階梯也不大，但因為設計成半圓形，在現代主義直來直往的冷冰冰線條下，這方空間特別醒目，特別小巧溫馨（圖94）。女兒牆之

圖 92（上）：新本館北棟裏側中軸線，可見小型雨庇、時鐘及上方尖角。照片由北一女中校史室提供。

圖 93（下）：古蹟修復後的北棟中軸線，尖角、時鐘（明顯變大）大致恢復舊貌，雨庇在司令台下方，不易發現。筆者攝於 2024 年 1 月 2 日。

下原本水平延伸線條，也突然出現小尖角，下方設置時鐘（圖92、93）。這些都是篠原技手服膺現代主義規律下的小變化。可惜一九八七年此處增設司令台，完全遮蔽原始設計，雨庇、階梯從此暗無天日（圖94、95）。

方與圓、直線與弧線的對比，在新本館處處可見，應該是重要的建築語彙。直線、立方體的一絲不苟，體現在建築外部，形塑新本館簡潔、洗鍊的風格。圓與弧線則體現在入口與內部。最大的拱門位於玄關，引導師長、外賓進入新本館。中央塔與西棟、北棟尾端共三處設置樓梯，凡樓梯皆改成拱窗，有獨立也有並排的，是難得有變化、打破規律的地方。建築外觀雖然方方正正，但不管哪一座樓梯，轉角都設計為弧形，搭配拱窗，環抱往來的師

圖 94（上）：新本館半圓形階梯上，一群著冬季制服台北一高女學生。來源：蔣竹山，《島嶼浮世繪：日治台灣的大眾生活（增訂新版）》，蔚藍文化（2021 年）。

圖 95（左）：古蹟修復後司令台下雨庇、半圓形階梯特寫。筆者攝於 2024 年 9 月 25 日。

生，很大程度消解現代主義建築的距離感。方與圓的形狀差異，有意識地轉化成外與內、表與裏兩套秩序，是新本館的一項鮮明特徵。同時期篠原武男校舍作品中，二高女樓梯有類似設計，與三高女、三中的直來直往、稜角分明風格明顯不同。

今天北一校門口沿貴陽街往西走一個街區，可以看到另一棟現代主義建築總督府電話交換局（一九三七年建設，今中華電信博愛服務中心，圖99）。簡潔的外觀，洗練的線條，不需要太多提示，就知道這些現代主義建築擁有相同DNA，同樣彰顯新時代

圖 96（右）：新本館中央塔一樓樓梯前。筆者攝於 2024 年 9 月 25 日。

圖 97（中）：新本館西棟尾端樓梯一、二樓之間。筆者攝於 2024 年 9 月 25 日。

圖 98（左）：新本館北棟尾端樓梯三樓向下望。上方可見拆除加蓋四樓後復舊之樓頂。筆者攝於 2024 年 11 月 12 日。

圖 99：總督府電話交換局。來源：《台灣建築會誌》（1937）。

摩登精神。值得一提的是，新本館原初計劃將轉角處呈現圓弧形，將兩面線條連成一氣，強化水平秩序。這樣的結構與總督府電話交換局類似。倘若計畫成真，新本館入口將直接面對校門，校門一帶的視覺感受將大不相同。我們今天看到的是結果，篠原技手的構想可能走得更遠。

《台灣建築會誌》紀錄，新本館外牆貼上日本陶業株式會社出產之Tapestry（ターベストリー，壁毯）淺色二丁掛磁磚。當時建築普遍採用本地北投磁磚，同為篠原武男設計的台北三高女校舍，外牆磁磚即是北投燒。台北一高女新築本館磁磚高規格由內地進口，相當罕見。現在東京大學（原東京帝國大學）的安田講堂建於一九二五年，外牆磁磚與一高女系出同源，都是日陶出品。

Tapestry磁磚以不同顏色黏土燒粉混合而成，表面非常粗糙，有如編織壁毯，特色鮮明。而「淺色」究竟是什麼顏色？以下是幾條史料記載：根據浮田校長之女浮田淑在《台北第一高女物語》回憶，新校舍是「浪漫的奶油色」（ロマンチックなクリーム色）；《台灣日日

新報》報導新校舍外觀為「砥粉色」（圖100）；篠原技手在〈校舍工事報告〉明確提到二丁掛磁磚是淺砥粉色（ウストノコ色）。砥粉是從砥石切割時所產生的砥石粉末，屬於淡雅溫暖的黃色，略帶紅色。此外，台北新高堂曾發行一張新本館手工著色繪葉書，牆面著色為較淺之土黃色（圖101）。

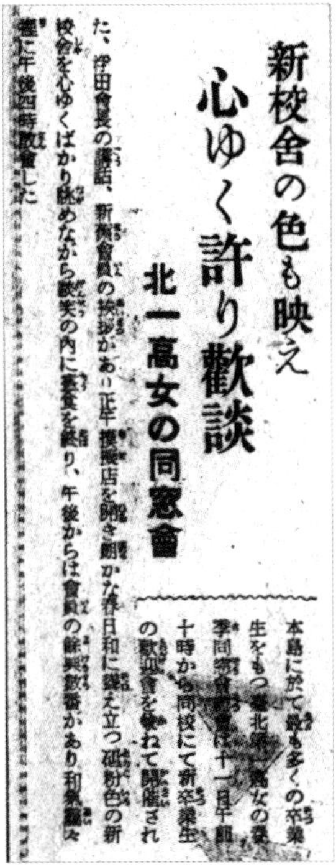
新校舍の色も映え
心ゆく許り歡談
北一高女の同窓會

圖100：新聞明確提到新校舍外觀為「砥粉色」。來源：《台灣日日新報》（1934.3.12）。

多數情形，只要建築還在，磁磚便伴隨存在。一九七七年鄭璽璸校長時期，新本館磁磚因缺乏維護，顯得陳舊，決定全數更換。敲除原訂一週工期，實際上花了一整個月，證明新本館興建時貼覆磁磚之牢固。這些稀有且見證台灣建築史的日陶磁磚，就這樣被捨棄，令人不勝唏噓！換新的磁磚品質欠佳，之後又因損壞多有修補，導致磁磚顏色、材質參差不齊。再加上釘掛管線破壞牆面，狀況極不理想。如果將新本館外牆形容為衣服，就是一件充滿補丁、磨損、破洞的衣服。

前幾年修復古蹟，決定仿舊新製、全面替換外牆磁磚。修復期間，意外發現新本館轉

圖 101（上）：「台北第一高等女學校」繪葉書（明信片），台北新高堂發行。此圖呈現新本館落成後，校門一帶的景觀與色彩。玉川大學教育博物館、台大圖書館典藏。

圖 102（左）：三樓轉角男廁，剛好日陶原磚與修復新磚（左側少數）並列，提供比較。筆者攝於 2024 年 9 月 27 日。

角處，尚保留始建時期磁磚。這是因為一九六四年轉角處增建廁所後，原外牆變成廁所內牆，幸運躲過一九七七年全面更換磁磚的浩劫。今天只要進入光復樓二、三樓廁所，即可見證日陶磁磚的顏色與質地。不過，這也讓我們發現，仿舊新製的磁磚與始建時期日陶磁磚，顏色有所出入：日陶磁磚較為輕快明亮，黃色之中略帶紅色；新貼磁磚較為沈穩內斂，黃色之中夾有綠色，恐怕很難以浮田淑「浪漫的奶油色」來形容（圖102）。

教室利用方式也有特殊之處。原來舊本館時期，從校園平面圖標示可見有各專科教室，也有一部分為普通教室。新本館面貌一新，全數設計為專科教室：歷史、地理、物理、化學、烹飪、裁縫、國語、英語，各科都有自己專屬的教室、準備室。普遍配有自來水、電燈、瓦斯等設施。再依各學科不同使用需求，配有特殊設施。例如音樂教室及樂器練習室的牆壁、天花板裝設吸音板，減少聲音折射；博物教室設有顯微鏡台，博物研究室設有附電熱金屬蓋版的內建式插座；地理教室、暗房裝設有附金屬蓋版的內建式插座，以供幻燈機使用。教室內均鋪設檜木地板。

功能取向的割烹教室，配備齊全。《台灣建築會誌》提到：「每名學生配置一組水泥製白色釉彩磁磚水槽及瓦斯爐台。於中央處設置的共用爐台無電熱設備。教員用爐台的旁邊設有電子烤箱。」（圖103）

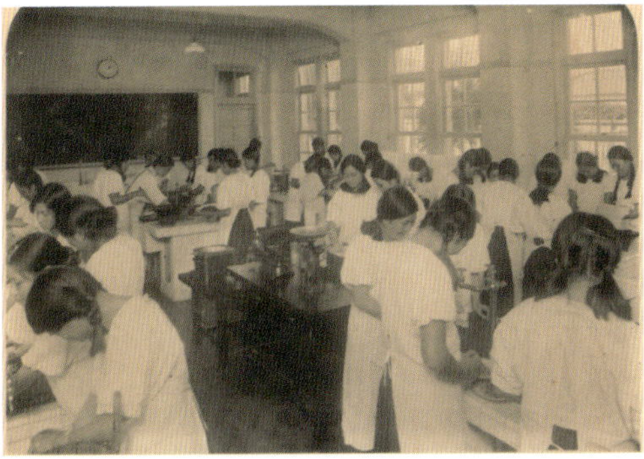

圖 103（上）：新本館完工後，畢業前夕的四年西組學生使用北棟一樓的割烹教室。資料來源：《第 28 回卒業記念寫真帖》（1934.3）。

圖 104（下）：西棟二樓尾端的化學教室。注意這張是戰後初期照片，教室、設備仍舊，學生完全換了一批。來源：《台灣省立台北第一女子中學》（1947.7）。

就算是現在標準，這樣的配備也算周到，在九十年前絕對可以稱之為最先進的配備。這間教室目前為健康中心，樣貌全然不同。

設計成專科而非普通教室，意味學生必須跑班上課。即便今日，這仍是新穎觀念，甚至有學校以此標榜。杜淑純（一九四〇年第三十四回畢業）在《杜聰明與我》提到：「因為上課不在同一間教室，上地理課要去地理教室，上理化課要去理化教室，課程和課程中間休息十分鐘，這中間就得換教室。那當兒大家都在走廊上出出入入，常常會遇到別人，自然而然就會認識很多朋友。」因應跑班制學生置物需求，新本館從一開始即在教室外、沿走廊靠窗側設置邊櫃（圖105）。戰後新本館使用方式改變，改專科教室為普通教室，但邊櫃始終保留，作為學生座位抽屜外第二置物空間。

RC造的新本館，兩柱之間距離（柱間距）固定為三米，行走在館內任何地方，都可以看見等距柱間不斷向遠處延伸，有如一根根肋骨。由於各學科對空間的要求不同，專科教室規劃有大有小。例如北棟二樓的國語、英語教室都是四個柱間距，三樓的數學教室則是三個柱間距；西棟二樓的物理教室、理科器具標本室有五個柱間距，化學教室空間使用最為奢侈，甚至來到六個柱間距（圖104），相當於現在光復樓兩間教室合併。也有一些特別小的空間：西棟一樓的校長室、醫務室只有兩個柱間距；北棟三樓的圖畫標本室甚至只有一個柱間距。柱間距雖然固定，但不同功能的教室或行政空間可以自由組合，填滿柱間距總數。

戰後重整新本館空間秩序，一樓從西棟行政、北棟教學，逐漸轉為全行政處室使用。用途轉變，空間大小仍舊。二、三樓經過一段時間演進，全數轉為班級教室。每班教室固定為三個柱間距。除了局部變更日治時期設計，調整隔間，也因此產生幾個畸零空間，現在多數作為檔案室。

有些教室調整隔間後，必須挖掉一部分牆壁，改窗為門。最戲劇性的改變出現在北棟三樓：始建時期原本單一柱間距的圖畫

圖 105（上）：新本館北棟一樓走廊。照片由北一女中校史室提供。

圖 106（下）：新本館北棟一樓走廊今貌。邊櫃仿舊新作，地板重新鋪過。筆者攝於 2024 年 9 月 27 日。

標本室，有門無窗，左右各為四個柱間距的地理教室、圖畫教室。戰後將這三間大小不同的專科教室（共九個柱間距）轉為三間大小相同普通教室（每間三個柱間距）。拆除圖畫標本室壁面後，與左右教室各一柱間距的空間合併，變成普通教室。這也造成這間教室走廊一側有三道門但無窗，極為特殊（圖107、108）。

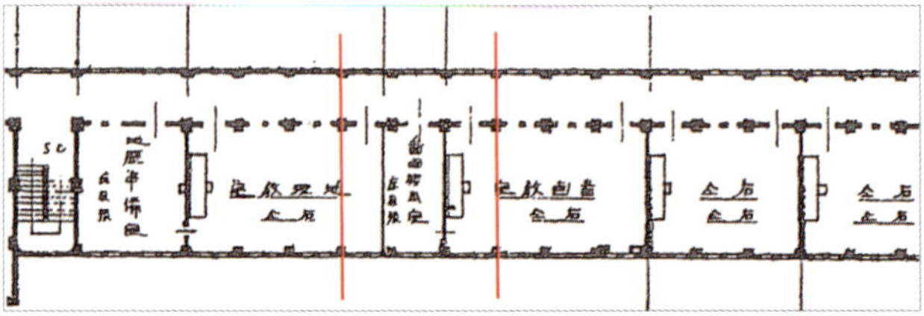

圖107（上）：新本館北棟三樓平面圖（局部）。紅線為筆者添加。來源：《台灣建築會誌》（1937）。

圖108（下）：新本館北棟三樓有門無窗的教室。筆者攝於2024年1月26日。

教室門、窗框均為檜木材質，保存狀況良好，差別只在於戰後漆成綠色。窗戶為平衡錘窗（sash window），兩窗之間木框內藏有秤錘，與窗戶等重，透過鐵索、滑輪相連，使得窗

圖 109：新本館古蹟照明。來源：原間有限公司。

戶無論開啟至任何位置，都是平衡等重，頗具巧思。日治時期此種設計常見，新本館亦不例外。上下對開窗戶，開至高處，大量引入陽光，補足燈光。新本館落成時共二十九盞燈，一室一燈。今天照明進步且普遍，修復後的新本館，室內、外隨處可見凸顯古蹟質感的日、夜間照明，賦予這棟老建築嶄新姿態（圖109）。

此後，新本館走過一段坎坷的路。一九四五年五月底台北大空襲，一枚炸彈落在新本館轉角處，幸未擊中建築本體。外牆略有損壞，地基因此鬆軟。十二月十二日學校改朝換代，校長胡琬如將這棟碩果僅存的校舍改稱「光復樓」。算到此刻，不過是一棟使用十二年的年輕建築。

戰後因應嬰兒潮就學需求，北一女積極擴充教室。一九六四年新本館增建第四層，破壞原本錯落有致的天際線，此後只剩無美感、呆板的一直線。同時也破壞了一些始建設計細節，例如前面提到轉角最高處的橫帶裝飾。更重要的是，大空襲落彈先動搖地基，增建四樓後又加重建築負荷，造成新本館轉角處逐漸傾斜下沉，影響結構安全。九二一大地震（一九九九年）後，各方檢討聲四起，這個不可承受之重，終於在二〇一〇年拆除。如今建物安全無虞，轉角處地面裂痕、明顯有感的傾斜，已成為新本館永遠的印記。

陳智源校長上任後（二〇一九年至今），主動延後修復時程一年，以爭取充足經費，整合各方資源，讓新本館不只修復，還能在功能上符合當代需求，細節上得以多所講究。二〇二一年暑假起，北一女中委託何黛雯建築師事務所，以兩年的時間修復「新」本館，比當初興建多了幾乎一倍時間。一億五千萬經費，也比新蓋一棟來得更加昂貴。跟新本館始建一樣，修復期間學校仍得維持正常運作，整個校園活動空間受到很大限制。這些都是無可奈何、必須忍受的過程。新築、修復兩段歷史，如此相似。

新築本館是建校三十年里程碑，修復新本館是建校一百二十年里程碑，台北第一女中競競業業、持續書寫台北第一高女輝煌歷史。

事件	日期
台北大空襲	1945年5月31日
改名光復樓	1945年12月12日
增建四樓	1964年
拆除木地板	1974年
重鋪外牆磁磚	1977年6月
增建司令台	1987年
指定古蹟	1998年3月25日
拆除增建四樓	2010年
古蹟修復開工	2021年7月5日
古蹟修復完工	2023年11月27日

表5：新本館落成後重要事件

新校門與校園規劃

一高女的校地、校舍、校門直接對應，初本館對應初代校門，舊本館對應二代校門，新本館對應三代校門（圖110）。初代、二代校門似乎偏在學校一角，但當時開設於此有其道理。由於三塊校地取得有先有後，每個階段考量不同已如前述。新築本館是高女首次有機會從完整校地思考校門開設位置。

三代校門位於校地相對居中位置，就算不考量其他因素，也是合理的選擇。此外，時代精神可能也有所影響：時序進入一九三〇年代，軍國主義漸興，教育臣服於國家權威。具體展現在空間秩序，就是校門面向權力中樞台灣總督府。

二、三代校門外觀幾乎相同。左右門柱形制類似，三代柱頭較為繁複，或許更顯氣派。柱頂燈相同，雕花鐵門一模一樣。校門右側開有便門，與二代樣貌毫無差別。讓人不禁懷疑，三代校門材料是否直接取自二代校門（圖111、112可比對圖39、43）。門衛所也非新建，是原門衛所拆卸後異地重組，差別只在原本位於入校門右側，此時改成左側。新校門、玄關

圖 110：校地與三代校門位置示意。

間仍有植込規範行車動線。曾進出二代校門的師生，此時使用三代校門，應該有似曾相似之感。

戰後接收，校門一帶景觀維持不變，只是換了校名牌（圖113）。一九五〇年代，可能原有鑄鐵門毀損，改設木門。並在原有校門上，以鐵架撐起放大校名招牌（圖114）。

一九六〇年，校門出現了最劇烈的變化。一九六〇年校慶出版的《北一女青年》第六期〈我們的學校〉提到

圖 111（右）：三代校門，門後隱約可見門衛所。照片由北一女中校史室提供。

圖 112（右下）：三代校門校內看向校外，是醒目的總督府中央塔。照片由北一女中校史室提供。

圖 113：戰後初期校門。來源：《台灣省立台北第一女子中學》（1947.7）。

「今年我們的學校的大門，重修一新，不但外表壯麗，而且加大不少。」〈新校門〉則說「暑假某日走至門口，見其關閉，上貼一紙條：校門正在修理中，請走三軍球場附近偏門。自此，每日皆行偏門，直至開學。」「淺綠的油漆在鐵門上，乳黃色的石柱雄固的直立於鐵門兩旁，駕於石柱上的鐵樑上，鑲著台北第一女子中學八個字。兩盞燈雖然不亮。」從以上這些文字，推測校門應非新建，而是在三代校門原有結構上修、增建。兩柱原本來質地、造型、柱頭電燈通通消失，加粗加高並抹平為方柱體，貼上卡其色面磚。三代校門原本只開右側小門，修建後兩側均開小門，並將小門左右牆壁鏤空。相較以往，視覺上較為開闊。校門高度也有提升，並添建頂遮，頂遮下有楷體大字橫書當時校名「台灣省立台北第一女子中學」（圖115）。一九七二年柱面改貼墨綠色大理石，就是今天北一女中校門模樣（圖116、117）。

這個校門，姑且稱為三代校門改版，反映戰前、戰後對校門的不同想像。雖然樣貌迴異，一般也不會將日治、戰後校門混為一談，但確實是同一位置同一道門。若校門可以是考古標的，現在校門往裡挖，應該可以挖到三代校門本尊。

戰後，門衛所繼續維持相同功能很長一段時間。推測在一九八一年，北一女於入校門右側新建傳達室，取代入校門左側的門衛所。門衛所轉為會客室，至一九八七年因腐朽過甚拆除。

門衛所自從一九一〇年代建立，歷經舊本館、新本館時期，一路使用至一九八〇年代，前後超過七十年，是當時校園中最古老的建物。拆除固然令人嘆息，但拆除之時，學校做了一件特別的事：在門衛所後方（東邊），蓋了與門衛所一模一樣的新建築，也就是小綠屋。門衛所木造，小綠屋RC造。門衛所顏色較淺，小綠屋漆成綠色。門衛所距離校門較近，與玄關對齊，小綠屋距離校門較遠，退至玄關後方。除此之外，兩棟建築幾乎相同，也還是依偎在新本館旁。雖是新造，建築樣式卻是全校最老，和創校初期歷史相連結，可

圖 114（右上）：1950 年代校門。來源：《台灣省立台北第一女子中學 畢業同學紀念冊》（1958）。

圖 115（左）：1960 年改版後三代校門。來源：《北一女概況 1》（1960）。

圖 116（右下）：墨綠色校門。來源：《北一女概況 3》（1973）。

說是北一女中重要資產。目前小綠屋由家長會使用，是校園中很有活力的一棟小屋（圖118、119）。

入三代校門後，最大的差別在於多了校訓碑。新立的「正しく 強く 淑かに」校訓碑貼著右方圍牆而立，與新本館一樣，都在紀念創立三十周年。作為學校標準配置的奉安殿，留在原地並未遷移，但沿著新本館西棟外側，增設步道通往奉安殿，是將更動最小化的彈性作法，也可避免奉安殿、校訓碑並立的雜亂感。這條新設步道，連接三代校門與奉安殿，有如參道。戰後奉安殿先作為倉庫，之後消失。步道如今還在（圖120）。

訪問紀錄《圓滿人生》中，陳瑳瑳（一九四五年第三十九回畢業）提到：「我讀書時，日本政府規定每個學校都要有教育敕語，而且要放在奉安

圖117：由內向外看校門、圓環，與日治時期位置、景觀相同。筆者攝於2024年1月26日。

盒裡，還規定每個人都要背教育敕語。當年的台北第一高女，校門一進去，有一塊碑；再過去一點，是天皇照片，御真影，教育敕語就放在奉安盒裡面；學生一進學校，首先要對奉安盒行大禮，之後再進門。」敘述提到的碑就是校訓碑，奉安盒應為奉安殿。某個早晨陳瑳瑳入校未行禮，被站在校門口的體育老師捉個正著，下場就是罰站。

圖 120：新本館西棟外側步道今貌。視角為從奉安殿看向三代校門。筆者攝於 2024 年 1 月 5 日。

圖 118（右）、119（左）：小綠屋今貌。只要對比日治時期照片，就會發現樣貌相同。筆者分別攝於 2024 年 9 月 25 日、10 月 8 日。

新、舊本館設計類似，入校後師生分流。師長、來賓直接由玄關進出，學生則必須沿著北棟外側走一段路，從尾端生徒升降口（圖121）進入本館，在下足室換穿校內服。無論哪一個入口，都有階梯，讓館外進入館內有儀式感。如今地面墊高，加上無障礙設施，階梯已隱沒不見（圖122）。

無論是師長使用的玄關，或是生徒升降口，只要進入館內，迎面而來就是新本館最大、最開闊的兩個室內空間，通往校內各處。旁邊即是樓梯，方便上下。簡單俐落，是功能性強烈的設計。

日治時期玄關地位較高，僅允許師長、賓客進出，人數不多、頻率不高，顯得安靜，肅穆感油然而生。如今學生多從玄關進出學校，活潑自在的氣氛迴異於始建時期，反映民主時代眾生齊平。

圖 121（右）：新本館北棟尾端（東端）生徒升降口，可見階梯、雨庇。來源：《第 28 回卒業記念寫真帖》（1934.3）。

圖 122（左）：新本館北棟尾端（東端）生徒升降口今貌。階梯已經消失，雨庇仍舊。筆者攝於 2024 年 10 月 7 日。

生徒升降口兼具川堂功能，四通八達，全校八百位學生由此進出，異常繁忙。換裝的下足室，是學生進館第一站，對面即是音樂教室（今光復樓第二會議室）。走廊往西有博物教室，樓梯向上至二階、三階，可通向各科教室。走廊往東可直通學寮，方便寄宿生轉換學習、起居空間（圖126）。走廊往南是一個大型出入口，通往新操場，設有雨庇（圖127）。

新操場就在舊本館位置。原來滿滿的木造校舍，絕大多數拆除，轉變為一高女主要運動場所，是新本館時期全校最空曠、視野最好之所在。從台北一高女到台北一女中，九十年來這個景色維持不變。日治創立眾多高等女學校、中學校，戰後校舍拆舊

圖 123（上）：1938 年 7 月 8 日，竹田宮恆久妃（明治天皇六女）由玄關進入新本館。這是新本館唯一一次迎接皇族。照片由北一女中校史室提供。

圖 124（下）：新本館玄關入口內部空間。筆者攝於 2023 年 12 月 5 日。

圖 125（右上）：由內往外（往北）看生徒升降口。筆者攝於 2024 年 8 月 15 日。

圖 126（左上）：北棟走廊向東視角。照片左邊（北邊）是生徒升降口；前方最遠處（東邊）是學寮出入口；右邊（南邊）可通往操場。筆者攝於 2024 年 10 月 7 日。

圖 127（右）：新本館北棟尾端（東端）南向出口，通往操場。筆者攝於 2024 年 10 月 9 日。

圖 129：九十年後，幾乎一模一樣的景色。差別只在於畫面最右邊從雨天體操場，變為學珠樓。筆者攝於 2024 年 10 月 4 日。

圖 128：「台北州立第一高等女學校 校庭」明信片，可見新本館南邊廣大的操場。來源：國立台灣歷史博物館。

蓋新，校園景觀變化劇烈。如今還能大範圍保有同建築、同功能、同景色者少見，北一女中是少數例子（圖128、129）。

舊本館唯一未拆、保留在新操場區的建築是生徒控所（圖130）。原來生徒控所就被稱為第二體育館，和雨天體操場（第一體育館）同為一高女重要室內運動場所，這可能是未拆原因。因為新操場啟用，第一、第二體育場分別座落在操場東邊、南邊，形成完整的運動空間，安排相當巧妙。生徒控所使用至日治末，戰後拆除。

新本館北棟有著全校最長的走廊，往東走到底，可通往學寮。學寮口不大，進出寄宿生不多，與生徒升降之北口、通往操場之南口相比，是次一級的進出口（圖131）。一九一〇年代，全台高等女學校只此一校，學生遠道而來，學寮收容人數眾多，寄宿生曾多達兩百人。學寮不斷增建，共五排，呈日字型，均為單層（圖50）。占地頗廣，等同於今天整個至善教

圖 130：生徒控所位於今天明德樓位置，旁邊原本蓋滿建物，拆除後整理為操場，才有可能比賽野球（棒球）。照片由北一女中校史室提供。

學區。一九二〇年代起，隨著中等教育普及，全台各地高等女學校陸續設立。加上一九三〇年代，公車普及，好幾條路線經過學校附近。學寮重要性大減，住宿人數漸少。

新本館、新操場完成後，接著就是大幅改造學寮區，恢復了大半教學功能，並增加全新用途。原本東、西、南、北、中五排學寮，拆除三排，僅餘南寮、東寮。另外將舊本館時期一部分建物，移築於學寮區。取代西寮的是相連的兩間平房，不確定用途。北寮拆除後，原地出現兩層樓校舍，一樓是販賣部，二樓是圖書室。

中寮拆除後，四合之中庭，興建全新プール（此處指游泳池，同一詞彙亦可泛指水池）。游泳池興建時間，官方資料如《學校一覽》等並未記載。一九三四年十月二十日《台灣日日新報》〈一高女創立卅年記念 各種記念行事〉提到：「及於校庭，建紀念游泳池。」可知游泳池是為了創立三十年而建。根據校史室一張照片解說，一九三五年五月二十八日舉行游泳池地

圖 131：北棟末端就是學寮口。筆者攝於 2024 年 10 月 11 日。

鎮祭（圖132）。再根據《台灣日日新報》〈台北一高女創立紀念典禮〉（台北一高女の創立記念式）報導，於一九三五年十月三日創立三十一年紀念日當天，舉行游泳池落成典禮（圖133）。以落成時間計，晚於新本館近兩年。

游泳池長二十五公尺、寬十五公尺，共有七個水道（圖

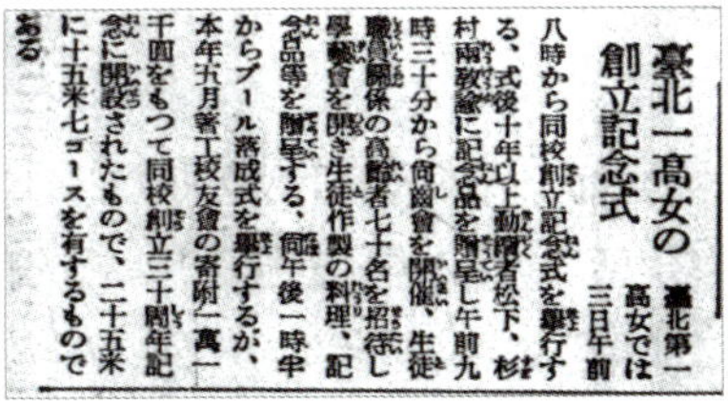

臺北一高女の創立記念式

【臺北】第一高女では三日午前八時から同校創立記念式を擧行する、式後十年以上勤續者松下、杉村兩教諭に記念品を贈呈し午前九時三十分から同窓會を開催、生徒職員關係の高齢者七十名を招待し學藝會を開き生徒作製の料理、記念品等を贈呈する、尚午後一時半からプール落成式を擧行するが、本年五月着工校友會の寄附一萬一千圓をもつて同校創立三十周年記念に開設されたもので、二十五米に十五米七コースを有するものである

圖 132（右）：游泳池地鎮祭。解說標註日期為 1935 年 5 月 28 日。照片由北一女中校史室提供。

圖 133（左）：目前所見游泳池落成最清楚的報導。《台灣日日新報》（1935.10.2）。

圖 134（右）：完工後的游泳池。往西北方拍攝，與圖 132 角度幾乎相同。後方可見新本館北棟尾端，背景是總督府。來源：《台北第一高女物語》。

圖 135（左）：游泳池旁淋浴間特寫。前方學生正在軍衣洗濯奉仕（協助洗滌軍衣的愛國服務）。照片由北一女中校史室提供。

134）。游泳池西側設有圓形淋浴間（圖135）。自此以後，台北一高女有了機能完善的游泳設施。同一個游泳池，戰後繼續使用多年，是許多資深校友的記憶。直到一九九〇年代初期，丁亞雯校長決定拆除這一帶全數建築、設施，重建為至善樓教學區（一九九三年）為止。游泳池同一位置變成金字塔廣場，地下一樓仍是游泳池，只不過露天變室內、冷水變溫水。

游泳池西北角、介於新本館和販賣部，另有屋頂造型較特殊的一棟建築，功能不明。戰後成為校長宿舍。江學珠校長以校為家，這棟樓就是他的家。江校長退休後，校長宿舍與福利社拆除，原地新建中正樓（一九七七年）。

游泳池是戰前最後一項大型工程，反映校地、校舍使用趨於穩定。加以戰爭逼近，各項資源日益窘迫，缺乏大興土木的條件。

一九四五年五月三十一日台北大空襲，台北一高女受到

圖136（右）：空襲前的台北一高女，美軍航照影像（1945.4.1）。來源：台灣百年歷史地圖。

圖137（左）：空襲後的台北一高女，美軍航照影像（1945.6.17）。來源：台灣百年歷史地圖。

重創。比對美軍空襲前後航照影像（圖136、137），雨天體操場部分坍塌，南寮、東寮遭波及，空襲後旋即夷平。逃過一劫的新本館與其他校舍，半年後為北一女中繼承。

新本館與游泳池，主導了未來九十年校舍配置方式，迄今不變，以後變化的機會也不大。

北一女校園呈現L型，新本館也是L型；北一女鄰貴陽街側是長邊、重慶南路側是短邊，新本館亦同。新本館用相同的形狀框住北一女校園。這個位置、比例，讓新本館成為主控校園空間的一棟建築。此後再有新建築，位置、大小實質上都受到新本館格局制約。

學生遷移至新本館上課後，舊本館旋即拆除，闢為新操場。從文廟、衛戍病院、步兵第八大隊、舊本館，同一塊基地功能一變再變。規劃為操場後，就此固定下來。因為新操場匹配的是新本館，周邊能作為建築基地之處有限。操場最南邊鄰市立大學（原國語學校）一側狹長地帶，有舊本館唯一未拆的生徒控所。戰後同一地點先後有風雨操場（一九四七至一九七〇年）、明德樓（一九五四年）、明德樓增建（一九八四年）。操場西南角有一塊較大空地，是舊本館拆除後的閒置空間。戰後先是蓋了大禮堂（一九四八至一九七〇年），拆大禮堂後改建青年活動中心（一九七一年）迄今。

校園東端游泳池落成後，校舍環繞游泳池而建，也成為固定格局。戰後的科學館（一九五八至一九九一年）、舊至善樓（一九五八至一九九一年）、新民樓（一九七六至一九九一年）環繞同一座游泳池而建。一九九三年至善教學區啟用，建築繞了近一圈，環抱金字塔廣場，廣場底下藏的還是游泳池，格局絲毫沒有改變。

西端校舍環操場而建，東端校舍環泳池而建，此一校地使用法則始於新本館建立。北一女中是一所頑強的學校，很大程度延續了戰前利用校地的方式。說來神奇，創校時物產陳列所前方的庭園水池，過了一百二十年，地下層還是游泳池，校史大多數時間都是水池（プール）。

連接西、東兩端的校園中心位置，一

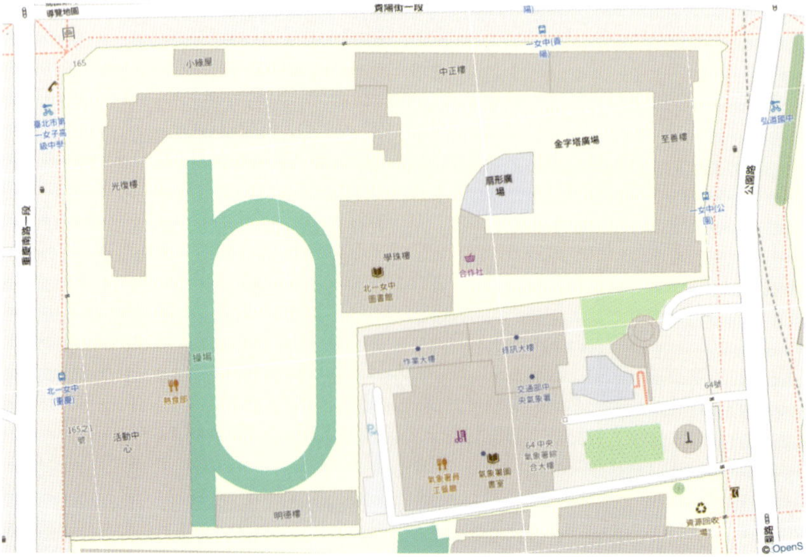

圖 138：北一女中校舍配置。資料來源：開放街圖台灣（osm.tw）。

直是校舍興建熱區。創校時這裡是物產陳列所建築所在，一九一〇年代舊本館興建時，此處改建為雨天體操場。新本館落成後雨天體操場仍舊。戰後相同位置陸續建有敬學堂（一九五〇至一九八四年）、雙層圖書館（一九五三至一九六一年）、三層圖書館（一九六二至二〇一一年）。二〇一六年以後則是學珠樓，主要還是做為圖書館。

戰前台北一高女有八百名學生，以新本館為主要上課地點，泳池、學寮同時進出人數不多，所以新本館最東的學寮口不大。戰後台北一女中人數暴增，近年雖然持續減少，時至今日仍有兩千四百名學生，是日治時期的三倍。西端光復樓只能

圖 139：總統府中央塔視角之北一女中全景，2024 年 9 月 25 日。上次從這個視角拍攝，可能是五十年前。北一女中秘書室提供。

容納一個年級，多數學生在東端中正樓、至善樓，這是新本館規劃之初未曾預料的狀況，讓校園東、西兩端難以疏通。日治時期北棟長廊使用率不算高，戰後日益繁忙，肩負貫通校園東、西端重責大任。一個明顯的事實便是，古蹟修復兩年期間，北棟長廊因工程封閉，人潮便難以宣洩。

以往還有朝會的時候，到了解散一刻，自操場往東就會塞住，與校園中心蓋滿校舍、學生集中在校園東端密切相關。學珠樓興建時，一樓之所以特意空下來當作通道，也是為了緩解這個問題。

戰後青年活動中心、至善樓教學區、學珠樓等新校舍量體越來越大，也越蓋越高。新本館相形之下顯得低矮樸素。但新本館的地位無可取代。坐落於校地最顯著、關鍵的位置，前方就是校門，註定是北一女中的精神象徵，也是唯一連結兩個時代的校舍。

參考資料

• 曾浩洲等，〈日治初期台灣軍隊醫療空間探討：以第一代台北衛戍病院為例〉。第二十屆營建產業永續發展研討會（二〇二二年）。
- 黃士娟，《建築技術官僚與殖民地經營》。遠流，二〇一二年。
- 黃蘭翔，《台灣建築史之研究：他者與台灣》。秀威，二〇一八年。
- 凌宗魁，《紙上明治村二丁目：重返台灣經典建築》。遠足，二〇一八年。
- 堀込憲二，《台灣磁磚系譜學》。遠流，二〇二四年。
- 蔡蔚群，〈北一女的校地與校門〉。《北一女青年》，一一九期（二〇一九年）。
- 蔡蔚群，〈光復樓：北一女校園紋理的建立〉。《北一女青年》，一二一期（二〇二一年）。
- 《北一女光復樓古蹟調查研究暨修復再利用計畫總結報告書》，台北市政府（二〇一三年）。
- 《直轄市定古蹟「台北第一高女（光復樓）」修復及再利用工程期末工作報告書》，台北市政府（二〇二三年）。

殖民體制下的掙扎：本島人篇

殖民統治是一套系統性的歧視體制。

日治初期，本島人、內地人教育分途發展，女子中等教育亦不例外。至一九二〇年、《台灣教育令》改正前夕，本島人的學校是三年制的「女子高等普通學校」，例如台北女子高等普通學校（中山女中），內地人的學校則是四年制「高等女學校」，例如台北高等女學校（北一女中）。名稱不同，學制不同，位階不同，涇渭分明。

一九二二年，在田健治郎總督「內台融合」、「一視同仁」政策方針下，改正《台灣教育令》，學制從分途走向合流：女子中等學校一律稱高等女學校，皆為四年制，內、台同校共學。但這只是表面上平等。由於中學入學試驗以小學校教材為本，利於小學校畢業的內地人，加上語文隔閡，能進入台北一高女的本島人有如鳳毛麟角。

台北一高女第一位本島人學生是林雙彎（圖1）。他是霧峰林家林朝棟之孫、林仲衡之女。一九二一年自東京返台，轉學進入台北一高女四年級，一九二二年三月畢業。

百年校史《典藏北一女》，記載林雙彎一九二一年畢業，並不正確。目前見到的幾份資料，有一九二一年和一九二二年兩種說法，由於涉及第一位本島人畢業生之校史重要事件，有必要確認。《台灣日日新報》一九二二年三月二十三日一則報導〈台北州立第一高等女學校第十五回畢業典禮本科畢業生一百三十名 其中一名為本島人〉（台北州立第一高等女學校 第十五回卒業式 本科卒業生百三十名 內に一名の本島人が在る，圖2），標題的「第十五回畢業典禮」指補習科，本科則是第十六回。雖然報導中沒有提到名字，

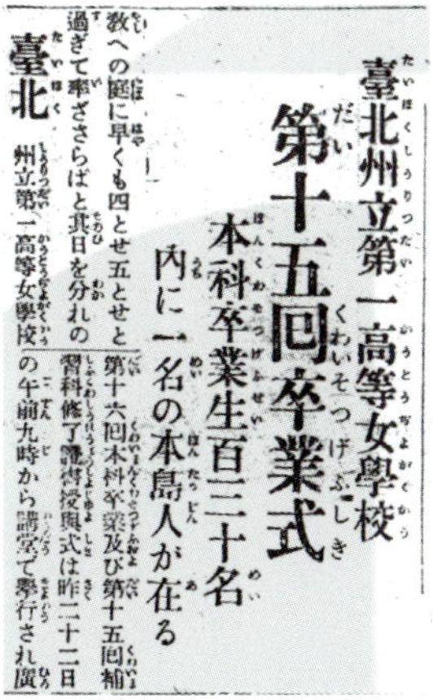
臺北州立第一高等女學校
第十五回卒業式
本科卒業生百三十名
内に一名の本島人が在る

教への庭に早くも四とせ五とせと
過ぎて來ざさらばと其日を分れの
臺北
州立第一高等女學校
第十六回本科卒業及び第十五回補
習科修了證書授與式は昨二十二日
の午前九時から講堂で擧行され

圖2：台北一高女本島人畢業生報導。《台灣日日新報》（1922.3.23）。

圖1：東京就學時期的林雙彎。資料來源：杜聰明基金會。

但台北一高女前後幾屆只有林雙鸞一位本島人，應該就是他。一高女發行的《要覽》，也列林雙鸞於第十六回本科畢業生。

延伸的問題是：林雙鸞畢業於一九二二年三月，改正《台灣教育令》施行於同年四月一日，林雙鸞無論是轉入或畢業於台北一高女，都早於內台同校共學施行之前，顯非新制度實施結果。比較合理的解釋，當時內地求學環境較殖民地寬鬆自由，既然林雙鸞已在東京就讀高等女學校，就可以在同一教育體制下轉學，因而順利返台就學。與其說是突破，不如說是特例。

本島生入學

隨著新《台灣教育令》施行，高等女學校也在全台普遍設立，光是一九二四年就成立了基隆、新竹、高雄三所，達成全台五州都有州立高女的目標。女學生不分內

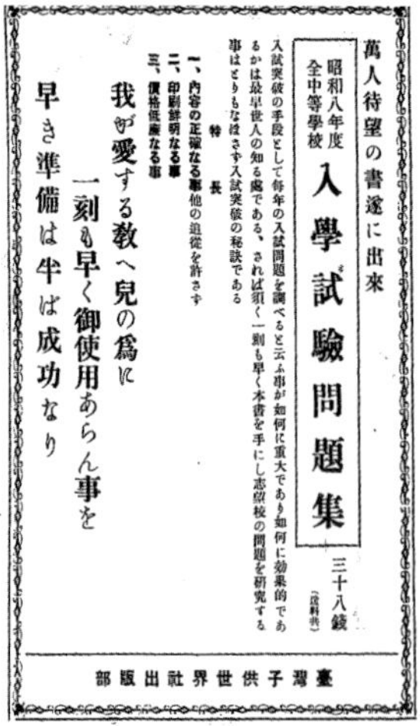

圖3：雜誌廣告〈期待已久的書終於來了〉（萬人待望の書遂に出來）。《第一教育》12卷5期（1933.6）。

地人、本島人，趨之若鶩，爭取進入高女，造成一九二〇年代起殖民地台灣的升學狂潮。出版社也開始發行《中等學校入學試驗問題集》，以為學生應考依據，「早一步準備，就成功了一半」（圖3）。這類出版品銷路甚佳，反映升學競爭的激烈。

以一九二五年台北三所高女入學狀況，本島人要通過入學試驗，比內地人難上許多。一高女、二高女是為內地人設立學校，本島人難以競爭。就算是為本島人設立的三高女，內地人入學率和本島人也是不相上下（表1）。當時考試和現在不同，各校同日進行，只能擇一報考。單看入學志願者數不準，因為光是選擇報考哪一所高女，就得面臨天人交戰。沒通過入學試驗，只能選擇私立，或者隔年重考。得即天堂，失即地獄。

升學壓力過大，當局深以為憂。一九二四年三月入學試驗前夕，中學校長在《台灣日日新報》聯名呼籲：「入學考題不難！大抵各校長之新方針一致，此次為欲若干緩和，因僅限定算術、

校名	入學志願者數		入學者數		入學率	
	內地人	本島人	內地人	本島人	內地人	本島人
台北第一	236	6	193	4	81.8	66.7
台北第二	209	11	106	1	50.7	9.1
台北第三	35	234	17	115	48.6	49.2

表1：1925年度高等女學校本科生入學狀況
資料來源：山本禮子，《植民地台湾の高等女学校研究》。

國語二科目。顧受驗生及父兄，皆過於懸念，無理勉強。故今次要與以不甚難為之問題，其難處讓於入學後。始與在小學校教科書之程度相當者，如是則過於無理之試驗勉強，可以不必。」與今日教學、考試正常化之呼籲略同。台北一高女清水儀六校長也在這次聯名呼籲行列之中。

比起內地人，本島人要考上人台北一高女更加困難。本島人志願者多為小學校畢業，才不會輸在起跑點。若是公學校畢業，在課程、語文雙重劣勢下，通常不會有報考念頭，或者就算有念頭旋即放棄。

台灣著名紳士、總督府評議會員藍高川之女藍敏（一九三九年第三十三回畢業）原本就讀公學校，在父親安排下轉入小學校。在《藍敏先生訪問紀錄》提到：「屏東小學（校）為日本人的學校，上課一週，因我一句日文也聽不懂，跑到校園內的一棵大樹下哭，但課程仍要繼續上。不久家父請來一位日本小姐，她是日本媽媽的遠親，大學畢業。會說正統的東京腔和禮儀，負責教我和（妹妹）富子，同時我為了和日本媽媽及妹妹溝通，所以很快就會說日語了。三年級時，我的成績已升到第五名，四、五年級都拿第一名。」「畢業前夕老師問我打算唸什麼學校？我說要考台北第一高女，同學聽了都哈哈大笑，說台北好多學生都考不上，你在屏東鄉下唸的人怎麼考得上？我說試試看嘛，考不上再回來屏東女中（屏東高女）也可以呀。因此北上赴考。考試題目不難，所以我順利考上。」

台灣首位醫學博士杜聰明之女杜淑純（一九四〇年第三十四回畢業）在《杜聰明與我：杜淑純女士訪談錄》提到：「一九三六年三月我從樺山小學校以第三名成績畢業，考入台北州立第一女子高等學校，四月一日入學。第一高女的入學考試就在該校舉行，我記得是和同學們在老師的陪同下一起去考試，爸爸媽媽沒有去陪考。考試內容主要是國語、數學、地理、歷史、修身等等小學校時所學的內容，課外的知識也有但是比較少。當然，筆試之外，也有口試。當時大部分台灣女孩都讀第三高女，但是第一高女是全台最好的女學校，所以我從沒想過要讀其他學校，自然而然就以第一高女為就學目標。」

圖 4（右）：剛入學時的藍敏，攝於 1935 年 4 月。照片由北一女中校史室提供。

圖 5（左）：二年級時的杜淑純，攝於自宅庭院。資料來源：杜聰明基金會。

板橋林家「家長」(管家)陳振能之女陳瑳瑳(一九四五年第三十九回畢業)在《圓滿人生:台北第一高女陳瑳瑳女士訪問紀錄》提到:「我從建成小學校畢業後,為什麼選擇要讀台北第一高等女學校?我記得就是老師告知我去參加考試,當時可以就讀的學校都是同一天考試,也只能參加一個學校的考試。我考高女那年,剛好台中二女中(台中二高女)開始招收女學生,所以如果台北第一高女沒考好的,可以去考台中二女中;一般都是同一天考試,只有新設的學校沒有一起考,才比較有考上的機會。所以考北一女是有把握才會去考。是不是因為我在小學校時成績很好才去考?我認為我有些科目是很好,但也有一些科目可能不是很好,只是考得還不錯,就考上台北第一高等女學校。回想一下,當時我的父母也不曾叫我們要考哪個學校、或要我們讀什麼學校。全都是自己決定的,因為那時候傻傻的,認為自己很會嘛。說起來,小學時如果會數學的話,能力就很棒,成績就不錯。至於國文和地理那些,我想是很簡單,因此我幾乎沒有很努力唸書的記憶,但考試可能都考得很好。」

綜合藍敏、杜淑純、陳瑳瑳的敘述,可知本島人學生共同點:就讀小學校、熟悉日語文、在校成績頂尖。至於為何選擇台北一高女而非其他學校,個人意願應該是關鍵因素,父母期待似乎不特別重要。

台北一高女不只難考，還有考試以外無形門檻。這是殖民統治最具指標意義的學校，家庭背景必須具有代表性。杜淑純說：「台籍學生的入學成績自然必需達到標準，此外還要看學生的家庭情況，所以能進去就讀的台籍學生多是出身自地方望族或者醫生、律師等富有及名望的家庭。日籍學生雖然比較多，但也要經過考試，成績也要達到標準才行。」杜淑純的母親是霧峰林家林雙隨，林雙隨的二妹就是一高女首位本島人學生林雙彎。

陳瑳瑳也提到：「有一個說法，不知是對還是不對：如果是台灣總督府高級官員或台北帝國大學教授的子弟，除了很笨以外，都可以無條件進來一中或一女中就讀；如果有剩下的名額，其他人才有機會。」「都不是為了台灣人而設中學，全都是因為他們下一代教育的需求而設的中學，偶爾一、兩個台灣人，或者因個人比較優秀、或者因家庭有特殊背景，這樣的台灣人可以進台北一中、台北一女中就讀，這都很少有的。而這種情況，也不知道這是由誰來決定的，是誰在控制這些教育及入學的標準？都沒有人知道，到現在也還是沒人知道。」

本島人的在學經歷

在以內地人為主的台北一高女，本島人學生普遍有受歧視經驗。

一九三九年春天、藍敏四年級畢業前夕，某日修身課老師請假，由教頭（教務主任）崎山用喬代課。藍敏上課不專心，從新本館看向遠處大屯山、七星山風景，崎山說：「天皇陛下對台灣島民一視同仁。」藍敏反射性回答：「不是！」崎山：「什麼不是？」藍敏：「天皇陛下對本島人可能一視同仁，但在台灣的行政人員卻非如此。比方配給的肉，日人六兩，台灣人只有四兩。其他如布、米的配額，內地人都比本島人多，哪裡有一視同仁？」這段據理力爭，讓課堂鴉雀無聲，同時也惹怒了教頭，拿了課本便離開教室。

圖6：崎山用喬教頭。資料來源：《第35回卒業記念寫真帖》（1941.3）。

崎山教頭向松井校長告狀，說藍敏藐視天皇陛下，學校還特別為了此事召開會議。了解事件始末後，校長說：「首先，這個學生即將畢業；再來，她說的是事實，台北一高女的校訓是正直、堅強、優雅（正しく 強く 淑かに），如果將學生退學，此後一高女將無以立足，而且也害了學生前途。」在校長的公正裁決下，藍敏順利畢業，正直、堅強、優雅校訓默默守護著本島人學生。

晚藍敏一屆的杜淑純，訪談錄中特別提到松井實校長對他很好。松井的公平作風，以及對本島人學生的溫暖態度值得尊敬，反映殖民體制下，本島人求學雖然常受歧視，個別師長的觀念與作風卻是天差地遠。

陳瑳瑳在訪問紀錄中，提到既是文學家、同時也是一高女教諭的濱田隼雄，是他二年級時的導師：「我個人覺得濱田老師比較照顧台灣囝仔，為什麼我這樣覺得？大概因為我在台北一高女讀書時擔任班長（十人一班，與今日班長不同義）。當時台灣囝仔很少會被指派為班長的，所以我覺得他很特別；也因為當班長，我比較有機會和班導師接觸，對他也比較瞭解。導師願意給我做班長的機會，我覺得這也是他敢給我做，其實並不容易，他還是要找到理由才敢指派我來當班長。」

陳瑳瑳也提到另眼相待的國語（日語）老師高田登代子（同時為校友，一九二六年第二十回畢業）：「我的同學陳秀蓉常說，這個老師很歧視台灣人，是個對台灣人有差別待遇的老師，我也這麼覺得。日本時代，老師後來都用『秀優良可』來打成績。教我們日文的老師有好幾個，但只要是高田登代子老師打的，台灣學生的成績通常都不高。秀蓉曾經說過，她的作文、還有漢字，都很認真寫，但分數都不高，成績都只有『良』。照一般情況，台灣囝仔的漢字會比較強，她說有時她會替日本同學寫漢字或作文，後來發現她幫日本同學寫的分數都很高，都會是『優』，或者是『秀』，反而她自己的只有『良』，尤其是高田老師打的成績。這個發現讓她覺得高田老師有歧見，很明顯是有差別待遇的老師。」這位高田老師兼具校友身分，戰後活躍於台北一高女校友會，一百八十度轉換態度，完全沒有歧視台灣人了。

與陳蹉瑳同班的陳秀蓉，父親陳逢源任台灣文化協會理事，發起台灣議會設立請願運動。治警事件中曾被逮捕，判刑三個月。面對殖民統治的壓迫，陳逢源積極抵抗。皇民化時期也拒絕改姓名。陳秀蓉頗有乃父之風，課堂上不會迎合老師偏頗言論，也因此被處罰，有著不太愉快的學校生活。

一九二二年以後，無論內地人或本島人為主的高等女學校，課程均相同，但預設教學對象不同。因為台北一高女是內地人為主學校，本島人只占極少數，本島人被當成內地人來教。杜淑純說：「我從《從帝大到台大》書裡讀到一篇一位畢業於第三高女的柯環月同學所寫的文章，看到她們在照片裡的裝扮都是日式服飾，覺得很奇怪，就打電話請問她，她說當年在學時，大家平常都穿洋式制服，但是遇到重要式典（典禮）場合，學校都特別要求她們穿日式服裝。我想或許是因為第三高女都是台籍學生，校方在要求上可能有些特別的差異，我們不是這樣，第一高女是以日籍學生居多，學校反而沒有特別這樣要求。」

陳瑳瑳也說：「台北第一高女是日本人就讀的學校，所以很多課程安排和規劃，完全以日本人為出發點去設計，譬如他們認為日本人穿和服是理所當然，根本不用教怎樣穿和服，也沒規定要我們學穿和服。我聽說三高女的教育很嚴格，規定學生頭髮要綁兩個辮子、穿什麼衣服、做什麼事、行怎樣的禮數，都很認真教，也有教學生穿和服。我發現台北第一高女和台北第三高女確實有很大的不同，就讀三高女的學生，幾乎都是台灣人，是以台灣人為主的學校，台南二高女也一樣。」本島人為主的高等女學校，有內地化的過程。內地人為主的高女，不需要再內地化。

台北一高女官方的統計資料中，不少將內地人、本島人分列。例如《昭和十三年度 台北州立台北第一高等女學校一

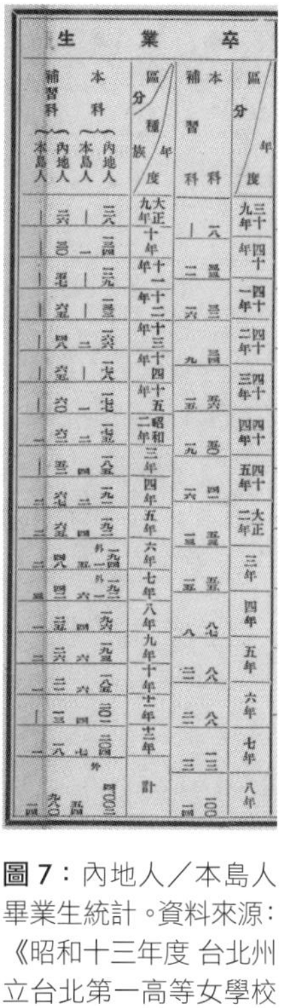

圖 7：內地人／本島人畢業生統計。資料來源：《昭和十三年度 台北州立台北第一高等女學校一覽》（1938）。

覽》，學生體格與畢業生紀錄皆是內地人、本島人分開統計（圖7）。該年度學生總數九百一十九人，出身府縣別「台灣」者共二十二人，約占百分之二點四。若以出生地州廳別，出生於台灣各州廳者七百二十六人，出生於內地或其他者一百九十三人。也就是說，當時台北一高女學生多數已是灣生（在台灣出生的日本人），只是統計上依例歸類為內地人。這些在台灣生長的內地人，不見得了解本島人，但不少人根本沒在日本內地待過。種族的分野，仍是官方衡量最重要的標準。

正因為台北一高女學生以內地人為主，引揚回日本後，學校只剩寥寥無幾本島人學生，就算併入二高女、四高女，學生人數還是很少。本島人為主的三高女則影響不大。這使戰後「第一」校名一度可能被奪走。

一九二〇年代中期以後，每年固定有數位本島人入學。政策上，學校會將本島人分散編入不同組（班），但非固定不變狀態。陳瑳瑳說：「我

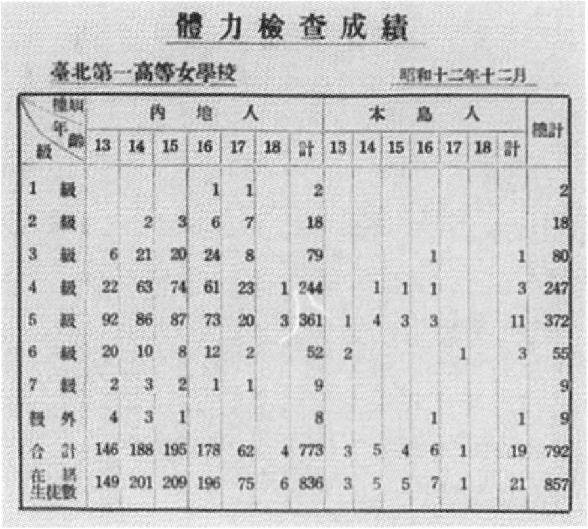

體力檢查成績

臺北第一高等女學校　　昭和十二年十二月

種別 年齡 級	內地人							本島人							總計
	13	14	15	16	17	18	計	13	14	15	16	17	18	計	
1 級				1	1		2								2
2 級		2	3	6	7		18								18
3 級	6	21	20	24	8		79				1			1	80
4 級	22	63	74	61	23	1	244		1	1	1			3	247
5 級	92	86	87	73	20	3	361	1	4	3	3			11	372
6 級	20	10	8	12	2		52	2				1		3	55
7 級	2	3	2	1	1		9								9
級外	4	3	1				8				1			1	9
合計	146	188	195	178	62	4	773	3	5	4	6	1		19	792
在籍生徒數	149	201	209	196	75	6	836	3	5	5	7	1		21	857

圖 8：內地人／本島人體力檢查成績對照。資料來源：《同窗會誌 第十七號》（同窓會誌 第十七號，1939）。

們那一屆入學考試的時候，一共有五個台灣學生考上台北第一高女，學校把我們五個台灣學生，分在四個班。到了第二年，有一個台灣學生何靜轉學進來，所以我們那一屆共有六個台灣同學（圖9）。通常在一、二年級是不分班，到了三、四年級會分成英文班和裁縫班，英文班差不多是升學班，裁縫班就不升學了。但到了我們那一屆時，因為戰爭的關係，英文已經是敵國的語言，所以學校制度也跟著改變。就在我讀完一年級、升二年級那年就先分班了，英文班也只剩一班，其餘的三個班是裁縫班。很巧的是，我們那屆的台灣學生全部都選擇上英文班，所以我們六個台灣學生才有機會同班三年，不然通常學校都是把台灣學生一班排一個人。頂多一班兩個人，不會讓我們全在同一班。」

圖9：第39回畢業東組六位本島人。前排左起：童靜梓、何靜；後排左起：郭璧如、賴秀姬、陳瑳瑳、陳秀蓉。來源：陳瑳瑳女士、黃隆正先生。

雖然是戰爭年代特殊狀況，卻也創下台北一高女難能可貴的紀錄：單一班級有高達百分之十二的本島人學生。

畢業之後：本島人學生的下一步

日治時期，台北一高女一共有多少位本島人畢業生？以往引述山本禮子《殖民地台灣高等女學校研究》（植民地台湾の高等女学校研究），約有四十五名。我根據校友兼教諭高田登代子戰後攜回日本並持續整理的《台北州立第一高等女學校卒業學生名錄》計算，共有九十四名，差了一倍！不清楚山本禮子計算的依據與標準，但可以說，本島人畢業生人數一定遠遠超過四十五名。我將計

第一高女受賞者【品行方正學業優等賞】右から（前列）宇治原美智子（補習）鈴木貞子、三井治子、桑田ハナ、中平美代、山瀬淳（後列）太田靜、遠藤誠子、高橋好子、黄氏彩玉、小林正子（以上本科）【本科四年間皆勤者】前列右から青木保子、石内壽美子、久多良木トシコ、木村ユキ、富田正子、松山ツル、加藤登貴子、岡本ミツ子（後列）福島泰寛、大倉正子、坂本チロト藤堂とま、沼田喜代、劉氏蘭、稻村みさを

圖 10：上圖後排左二是黃彩玉，下圖後排左二是劉蘭。來源：〈台北第一高女畢業典禮 12 日在校內舉行〉（台北第一高女卒業式 十二日同校に於て擧行），《台灣日日新報》（1929.3.13）。

算結果作成詳表，有畢業年、回、組別。由於太占篇幅，置於書末「附錄2：本島人學生」。

本島人學生不只出身名門，姐妹、親族先後就讀一高女的例子也常見。前面提到的林雙彎、杜淑純是阿姨、外甥關係；第三十五回畢業的林素琴，妹妹林少薰在兩年後第三十七回畢業；陳秀蓉的姊姊陳璧月也是校友（一九三五年第二十九回畢業）；陳瑳瑳大姊陳春惠（一九三八年第三十二回畢業）、五妹陳文敏戰後初期就讀北一女中，都是校友。

畢業典禮是求學過程階段總結，照例會表揚優秀畢業生。自從本島人開始進入台北一高女就讀後，畢業典禮也可見到他們受賞的身影。一九二九年第二十三回畢業典禮，南組的黃彩玉獲得「品行方正學業優等賞」，北組的劉蘭獲得「本科四年間皆勤者」，該年度只不過四名本島人畢業生。

對於本島人而言，高等女學校學歷是社會地位的表徵，代表出身不凡、有文化教養。由於經濟無虞，畢業之後，父母不見得贊成女兒外出工作。觀念與現在大相徑庭。

一九三〇年代起，高等女學校學生畢業後，生涯規劃漸趨多元，有可能依循傳統良妻賢母思想，回歸家庭，也有可能繼續升學或投入職場。根據一九三三年《台灣日日新報》調查，當年一高女畢業生，繼續升學、進入職場、家事（家務）各占三分之一。高女本科畢業，如果再讀一年補習科，可以取得小學教師資格。由於島內升學管道不暢通，負笈內地者亦有。台北一高女第二位本島人學生顏梅（一九二五年第十九回畢業），出身基隆顏家，為顏國年之女，一九二九年自東京女子高等師範學校（今御茶水女子大學）文科畢業後，回台擔任基隆高等女學校教諭，被視為本島人新時代女性代表人物（圖11）。一九三一年結婚後，繼續在基隆高女任教。

雖然女性可以進入職場，但職業類別受到很大限制，教師是受尊敬的好工作，備受青睞。一九三二年台北一高女第二十六回畢業的簡淡月（圖12），士林簡家簡敦洽醫師之女，循著顏梅一樣的升學路徑，來到女子教育的聖殿東京女子高等師範學校。一九三七年三月理科畢業後（圖13），四月旋即回到母校任教，擔任數學科、理科囑託（兼任教師）。簡淡月是台北一高女第一位本島人女性

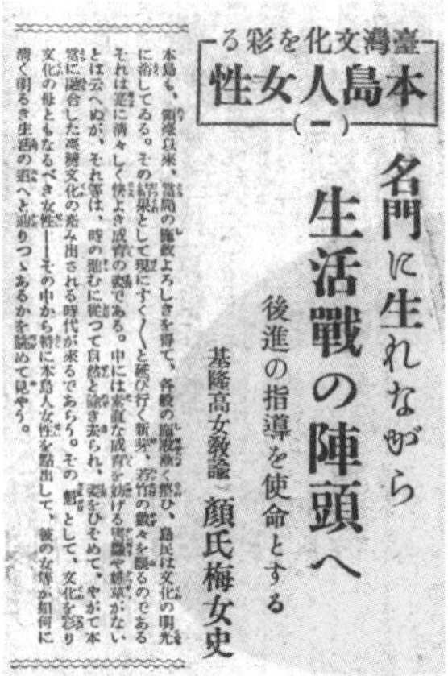

本島も、領臺以來、當局の施政よろしきを得て、各般の施設漸く整ひ、島民は文化の明光に浴してゐる。その結果として現にすくすくと伸び行く新芽、若竹の數々を觀るのであるそれは實に清々しく快よき成育の姿である。中には素直な成育を妨げる害蟲や雜草がないとは云へぬが、それ等は、時の進むに從つて自然と除き去られ、影をひそめて、やがて本當に融合した臺灣文化の生み出される時代が來るであらう。その魁として、文化を彩り文化の母ともなるべき女性——その中から特に本島人女性を點出して、彼の女等が如何に雄々しく明るき生活の途へと辿りつゝあるかを眺めて見やう。

圖11：〈名門出身、為帶領下一代而奮鬥 基隆高等女學校教師顏梅〉（名門に生れなから 生活戰の陣頭へ後進の指導を使命とする 基隆高女教諭顏氏梅女史），《台灣日日新報》（1930.5.30）。

教師，也是第一位本島人校友教師，意義重大。以往校史書寫，有錯誤或模糊之處。山本禮子誤以為他畢業於奈良女子高等師範學校，又誤以為他是教諭（專任教師）。今天除了從御茶水女子大學歷史資料館確認簡淡月的求學歷程，也根據一九三八年度《台北第一高等女學校一覽》、《台灣總督府職員錄》，確定簡淡月自一九三七年至一九三九年執教於台北一高女，僅有短短兩年。一九三九年即轉任台北帝國大學理農學部囑託。未久與基隆顏家顏滄波（顏梅之弟，台灣知名地質學家）結婚，一九四二年同赴中國發展，戰後返台。

一九二八年台北帝國大學成立，是殖民地台灣最高學府。創校之初，學生均為男性。一九三一年第一位女性入學者為台北一高女的大森政壽（一九二六年第二十回畢

圖 12（上）：簡淡月台北一高女畢業照。來源：《第 26 回卒業記念寫真帖》（1932.3）。

圖 13（左）：簡淡月東京女子高等師範學校畢業照，攝於徽音堂前。來源：《卒業記念寫真帖（昭和 12 年 3 月、理科）》（1937.3），お茶の水女子大学歷史資料館提供。

業），身分是本科生。當時只有本科生有學籍。另有修習部分學分的選科生，成績及格可取得證明書。還有經許可隨班聽講的聽講生，不會參與考試，類似現在入班旁聽。

戰前最後幾年，陸續有幾位台北一高女本島人畢業生入學台北帝大。第一位杜淑純，身份是選科生。原本杜淑純已在東京駿河台女學院畢業，打算在內地繼續升學，因為太平洋戰爭爆發（一九四一年十二月），時局驟變，一九四二年三月返回台灣，入學台北帝大文政學部英文科。

林素琴（圖14）為台灣議會設置請願運動推手、新聞界名人林呈祿之女。一九四一年台北一高女畢業時獲「品行方正學業優等賞」，畢業後進入東京女子大學高等學部，計畫在內地繼續讀大學。太平洋戰爭爆發改變他的人生選擇，一九四三年回台進入台北帝大文政學部哲學科，專攻西洋哲學。戰後任教於台灣大學哲學系，可說是台灣第一位女性哲學家。《台灣哲學的百年浪潮》評價：「想想殖民時期的眾多台灣青年或致力於學以致用的實業教育，或是為了取得高等文官資格、晉升高等官僚而專攻文政科目，唯獨林

圖14：林素琴。來源：《第35回卒業記念寫真帖》（1941.3）。

素琴熱衷於既不實用、又冷僻艱深的科目。雖然走在思想的先河，卻在時代巨輪的作弄下，讓自己長年累積的學術實力與豐富的生命歷練瞬間化為烏有。」

張美惠（圖15）為大稻埕醫師張文伴之女。一九四一年台北一高女畢業後，赴東京就讀聖心女子學院，也計畫留在日本內地升學。但當時東京帝大、京都帝大不收女生，加上他對南洋史學深感興趣，遂於一九四四年回台，就讀台北帝大文政學部史學科。戰後從台灣大學歷史系畢業，留校任教。周婉窈教授認為：「從具體表現來看，張美惠具有學術研究的興趣，也很有著述動力。張美惠懂英、德、荷、西、法等西方語言，加上日文、中文和台語，語言訓練非常充分，代表台北帝大南洋史學專攻的高標竿。張美惠辭去台大教職，其實有不得不然的苦衷。她對台大是不滿意的，包括圖書館欠缺新書、她的論文被某位教授盜用等。」

戰前最後幾年，不只一位台北一高女本島人畢業生突破族群、性別雙重歧視，攀爬到教育最高位階的台北帝國大學。然而，時代的狂暴，讓他們的學術之路蒙上陰影。戰爭時期無法安心求學，戰後在新政權的無理下幾乎窒息。很巧合地，林素琴、

圖 15：張美惠。來源：《第 35 回卒業記念寫真帖》（1941.3）。

張美惠這兩位台北一高女同班同學，都在一九五五年離開台灣，先後也都放棄了學術之路。

少見的本島人教師

與本島人學生情況類似，本島人教師出現時間較晚。根據學校《要覽》、《一覽》，台北一高女有史以來第一位本島人教師是張福興，一九二七年八月入校擔任音樂科囑託（兼任教師），同時也是第二中學校（本島人學校，今成功中學）囑託。他出身東京音樂學校（今東京藝術大學），專長樂器為小提琴，是台灣第一位現代音樂家。在一高女任教共約六年，除了教學，也在演奏會為學生伴奏。一九二九年十月，一高女創立二十五周年之時誕生了第一首校歌，作曲者即是張福興。

	台北一高女畢業	台北帝大入學	學科專攻	身份
杜淑純	1940年	1942年	英文學	選科生
林素琴	1941年	1943年 1944年	西洋哲學	選科生 本科生
張美惠	1941年	1944年	南洋史學	本科生
藍敏	1939年	1944年		聽講生

表2：台北一高女本島人畢業生就讀台北帝國大學名單
來源：根據廖述英〈台北帝大總共收過多少個女學生？〉製成。

第二位本島人教師是藍蔭鼎，師承石川欽一郎，是知名水彩畫家。一九二六年作品首次入選帝國美術展覽會，這是當時美術最高榮譽。有帝展加持，打開了教職之門，一九二九年三月進入一高女擔任圖畫科囑託。同年十月學校創立二十五周年，紀念出版品的封面、繪葉書均為藍蔭鼎繪製設計。根據《台灣總督府職員錄》，藍蔭鼎在台北一高女任職約六年，同時也在二高女（內地人學校）擔任囑託。一九三六年後即無一高女任職紀錄。但持續在二高女、三中（內地人學校，今師大附中）教畫至終戰。百年校史《典藏北一女》記載：「日本投降後，美

圖 16：藍蔭鼎（前排左二）、張福興（前排左三）與學生合照。約攝於 1930 年前後。來源：開放博物館／國立傳統藝術中心台灣音樂館。

術老師藍蔭鼎暫管校務，為學生設計新校服。」由於當時藍蔭鼎並未在一高女任職，具體經過有待考察。

根據山本禮子的研究，一九二五年全台高等女學校共有一百七十七位教師，其中本島人四位；一九四〇年共有三百二十一位教師，其中本島人十三位。人數極少，比例極低。張福興、藍蔭鼎、簡淡月都是囑託，無人擔任教諭。囑託是兼任教師，地位、薪水比不上等同於專任教師的教諭。台北一高女本島人教師人數少、地位低，反映殖民統治的實質。

從學校本身發展來說，張福興、藍蔭鼎兩位本島人教師均為清水儀六校長聘任，而且都還在一高女首次大規模慶祝創校時擔任重要角色。第

圖17：2023年8月25日，北一女中師長拜訪日治時期校友。前排左起：陳巧（台北三高女）、許雪、何靜、陳秀蓉、陳瑳瑳；後排左起：吳銘祥秘書、蔡蔚群老師、廖美女（台北二高女）。照片由北一女中秘書室提供。

一位本島人學生也出現在同一時期。這些都展現了清水校長開明作風，一高女的「全盛時代」當之無愧。

戰後，台北一高女轉型為台北一女中。內地人離開台灣，本島人校友成為學校兩個時代最重要的連繫。直到現在，北一女都還與幾位年近百歲的日治時期校友保持聯絡，二〇二三年十二月一百二十周年擴大校慶時，也邀請他們回母校一同慶祝。

參考資料

- 北一女中百年特刊編輯委員會，《典藏北一女》，正中，二〇〇三年。
- 蔡文怡，〈訪問九十八歲學姊郭陳璧月〉，《綠意》，二〇一五年。
- 許雪姬、曾金蘭，《藍敏先生訪問紀錄》，中研院近代史研究所，一九九五年。
- 曾秋美、尤美琪，《杜聰明與我：杜淑純女士訪談錄》，國史館，二〇〇五年。
- 許雪姬、吳美慧，《圓滿人生：台北第一高女陳瑳瑳女士訪問紀錄》，二〇二一年。
- 山本禮子，《植民地台湾の高等女学校研究》，多賀出版，一九九九年。
- 廖述英，〈台北帝大總共收過多少個女學生?〉，網址：taihokuimperialuniverity.blogspot.com，最後瀏覽時間：二〇二五年三月二十九日。

・吳秀瑾、陸品妃，〈台北帝大唯一台籍哲學學士林素琴〉，《啟蒙與反叛：台灣哲學的百年浪潮》，國立台灣大學出版中心，二〇一八年。
・周婉窈，〈台北帝國大學南洋史學講座．專攻及其戰後遺緒（一九二八至一九六〇年）〉，《台大歷史學報》第六十一期（二〇一八年）。
・洪郁如，〈學歷、女性、殖民地：從台北女子高等學院論日治時期女子高等教育問題〉，《帝國的學校・地域的學校【台灣史論叢　教育篇】》，國立台灣大學出版中心，二〇二〇年。

附錄1：入學、畢業屆別對照表

說明： 日治時期畢業在三月；戰後畢業通常在六月或七月。一九五〇年代尚有二月畢業之春季班。

西元	日治／戰後	入學（期／屆）	畢業（回／屆）
1904年	明治37年	第1期	
1905年	明治38年	第2期	
1906年	明治39年	第3期	
1907年	明治40年	第4期	第1回畢業
1908年	明治41年	第5期	第2回畢業
1909年	明治42年	第6期	第3回畢業
1910年	明治43年	第7期	第4回畢業
1911年	明治44年	第8期	第5回畢業
1912年	明治45年	第9期	第6回畢業
1913年	大正2年	第10期	第7回畢業
1914年	大正3年	第11期	第8回畢業
1915年	大正4年	第12期	第9回畢業
1916年	大正5年	第13期	第10回畢業
1917年	大正6年	第14期	第11回畢業
1918年	大正7年	第15期	第12回畢業
1919年	大正8年	第16期	第13回畢業
1920年	大正9年	第17期	第14回畢業
1921年	大正10年	第18期	第15回畢業
1922年	大正11年	第19期	第16回畢業
1923年	大正12年	第20期	第17回畢業
1924年	大正13年	第21期	第18回畢業

西元	日治／戰後	入學（期／屆）	畢業（回／屆）
1925年	大正14年	第22期	第19回畢業
1926年	大正15年	第23期	第20回畢業
1927年	昭和2年	第24期	第21回畢業
1928年	昭和3年	第25期	第22回畢業
1929年	昭和4年	第26期	第23回畢業
1930年	昭和5年	第27期	第24回畢業
1931年	昭和6年	第28期	第25回畢業
1932年	昭和7年	第29期	第26回畢業
1933年	昭和8年	第30期	第27回畢業
1934年	昭和9年	第31期	第28回畢業
1935年	昭和10年	第32期	第29回畢業
1936年	昭和11年	第33期	第30回畢業
1937年	昭和12年	第34期	第31回畢業
1938年	昭和13年	第35期	第32回畢業
1939年	昭和14年	第36期	第33回畢業
1940年	昭和15年	第37期	第34回畢業
1941年	昭和16年	第38期	第35回畢業
1942年	昭和17年	第39期	第36回畢業
1943年	昭和18年	第40期	第37回畢業
1944年	昭和19年	第41期	第38回畢業
1945年	昭和20年	第42期	第39回畢業
1946年	民國35年	第43期／屆	第40回畢業
1947年	民國36年	第44屆	
1948年	民國37年	第45屆	第1屆畢業

西元	日治／戰後	入學 （期／屆）	畢業 （回／屆）
1949年	民國38年	第46屆	第2屆畢業
1950年	民國39年	第47屆	第3屆畢業
1951年	民國40年2月	第48屆	第4屆畢業
	民國40年7月		第5屆畢業
1952年	民國41年7月	第49屆	第6屆畢業
1953年	民國42年2月	第50屆	第7屆畢業
	民國42年7月		第8屆畢業
1954年	民國43年2月	第51屆	第9屆畢業
	民國43年7月		第10屆畢業
1955年	民國44年2月	第52屆	第11屆畢業
	民國44年7月		第12屆畢業
1956年	民國45年2月	第53屆	第13屆畢業
	民國45年7月		第14屆畢業
1957年	民國46年	第54屆	第15屆畢業
1958年	民國47年	第55屆	第16屆畢業
1959年	民國48年	第56屆	第17屆畢業
1960年	民國49年	第57屆	第18屆畢業
1961年	民國50年	第58屆	第19屆畢業
1962年	民國51年	第59屆	第20屆畢業
1963年	民國52年	第60屆	第21屆畢業
1964年	民國53年	第61屆	第22屆畢業
1965年	民國54年	第62屆	第23屆畢業
1966年	民國55年	第63屆	第24屆畢業
1967年	民國56年	第64屆	第25屆畢業

西元	日治／戰後	入學 （期／屆）	畢業 （回／屆）
1968年	民國57年	第65屆	第26屆畢業
1969年	民國58年	第66屆	第27屆畢業
1970年	民國59年	第67屆	第28屆畢業
1971年	民國60年	第68屆	第29屆畢業
1972年	民國61年	第69屆	第30屆畢業
1973年	民國62年	第70屆	第31屆畢業
1974年	民國63年	第71屆	第32屆畢業
1975年	民國64年	第72屆	第33屆畢業
1976年	民國65年	第73屆	第34屆畢業
1977年	民國66年	第74屆	第35屆畢業
1978年	民國67年	第75屆	第36屆畢業
1979年	民國68年	第76屆	第37屆畢業
1980年	民國69年	第77屆	第38屆畢業
1981年	民國70年	第78屆	第39屆畢業
1982年	民國71年	第79屆	第40屆畢業
1983年	民國72年	第80屆	第41屆畢業
1984年	民國73年	第81屆	第42屆畢業
1985年	民國74年	第82屆	第43屆畢業
1986年	民國75年	第83屆	第44屆畢業
1987年	民國76年	第84屆	第45屆畢業
1988年	民國77年	第85屆	第46屆畢業
1989年	民國78年	第86屆	第47屆畢業
1990年	民國79年	第87屆	第48屆畢業
1991年	民國80年	第88屆	第49屆畢業

西元	日治／戰後	入學（期／屆）	畢業（回／屆）
1992年	民國81年	第89屆	第50屆畢業
1993年	民國82年	第90屆	第51屆畢業
1994年	民國83年	第91屆	第52屆畢業
1995年	民國84年	第92屆	第53屆畢業
1996年	民國85年	第93屆	第54屆畢業
1997年	民國86年	第94屆	第55屆畢業
1998年	民國87年	第95屆	第56屆畢業
1999年	民國88年	第96屆	第57屆畢業
2000年	民國89年	第97屆	第58屆畢業
2001年	民國90年	第98屆	第59屆畢業
2002年	民國91年	第99屆	第60屆畢業
2003年	民國92年	第100屆	第61屆畢業
2004年	民國93年	第101屆	第62屆畢業
2005年	民國94年	第102屆	第63屆畢業
2006年	民國95年	第103屆	第64屆畢業
2007年	民國96年	第104屆	第65屆畢業
2008年	民國97年	第105屆	第66屆畢業
2009年	民國98年	第106屆	第67屆畢業
2010年	民國99年	第107屆	第68屆畢業
2011年	民國100年	第108屆	第69屆畢業
2012年	民國101年	第109屆	第70屆畢業
2013年	民國102年	第110屆	第71屆畢業
2014年	民國103年	第111屆	第72屆畢業
2015年	民國104年	第112屆	第73屆畢業

西元	日治／戰後	入學 （期／屆）	畢業 （回／屆）
2016年	民國105年	第113屆	第74屆畢業
2017年	民國106年	第114屆	第75屆畢業
2018年	民國107年	第115屆	第76屆畢業
2019年	民國108年	第116屆	第77屆畢業
2020年	民國109年	第117屆	第78屆畢業
2021年	民國110年	第118屆	第79屆畢業
2022年	民國111年	第119屆	第80屆畢業
2023年	民國112年	第120屆	第81屆畢業
2024年	民國113年	第121屆	第82屆畢業
2025年	民國114年	第122屆	第83屆畢業

附錄2：本島人學生

說明：1. 本表主要根據《台北州立第一高等女學校卒業學生名錄》製成，無法完全核實，容有誤判、誤植。

2. 一律以本名表示，不冠夫姓。曾改姓名者，一律以漢名列於表。

3. 「組」即班。高女初期一個年級只有一組，第八期起兩組（東、西），第十三期起三組（東、中、西），第二十期更改組名、順序為（東、西、南），第二十二期起四組（東、西、南、北）以迄終戰。

	姓名	組別	畢業（回）	畢業年月
1	林雙彎	中組	第16回畢業	1922年3月
2	顏梅	北組	第19回畢業	1925年3月
3	柯秀子			
4	何千珠	南組	第20回畢業	1926年3月
5	李連	東組	第21回畢業	1927年3月
6	呂錦花	北組		
7	楊愛姿	南組	第22回畢業	1928年3月
8	張環	北組		
9	黃彩玉	南組	第23回畢業	1929年3月
10	張阿緞			
11	陳芳蘭	北組		
12	劉蘭			
13	廖月瑾	南組	第24回畢業	1930年3月
14	薛屘			
15	蔡麗春	東組	第25回畢業	1931年3月
16	許碧梧	西組		
17	葉瓊玉	南組		
18	汪　範	北組		

	姓名	組別	畢業(回)	畢業年月
19	廖月兒	東組	第26回畢業	1932年3月
20	施秋鶯			
21	許碧霞	西組		
22	蔡啟怡			
23	汪宜範	南組		
24	簡淡月	北組		
25	翁秀貞	東組	第27回畢業	1933年3月
26	魏淑昭	西組		
27	李娟秀			
28	黃桂枝	南組		
29	蔡啟忻			
30	周妙珠			
31	田文苑			
32	黃彩霞	北組		
33	許富	西組	第28回畢業	1934年3月
34	彭淑媛	北組		
35	林番婆			
36	張秀蘭	西組	第29回畢業	1935年3月
37	林娥	南組		
38	翁梅苑	北組		
39	陳壁月			
40	林美玉			
41	許碧瑜	西組	第30回畢業	1936年3月
42	曾端			
43	汪薰	南組		
44	林素鑾			
45	高壽子	北組		

	姓名	組別	畢業(回)	畢業年月
46	李百合	東組	第31回畢業	1937年3月
47	林秀珍			
48	柯秀貞	北組		
49	彭雪環			
50	康芳子	東組	第32回畢業	1938年3月
51	童雲鶴	西組		
52	仇金紅	南組		
53	柯秀華	北組		
54	馮芳子			
55	李淑玉			
56	陳春惠			
57	吳月嬌			
58	藍敏	東組	第33回畢業	1939年3月
59	李月雲			
60	汪妙妙	西組		
61	吳純純			
62	張歐梅			
63	高澄子	東組	第34回畢業	1940年3月
64	劉秀芬			
65	杜淑純	西組		
66	郭貞	南組		
67	李美珍	西組	第35回畢業	1941年3月
68	柯淑慎	南組		
69	張美惠			
70	林素琴			
71	廖文香			
72	何水治	北組		
73	許雪			

	姓名	組別	畢業（回）	畢業年月
74	汪碧如	東組	第36回畢業	1942年3月
75	黃貴貞			
76	童瓊花			
77	張翠玉	南組		
78	柯貞貞	東組	第37回畢業	1943年3月
79	林少薰	南組		
80	張絹子	北組		
81	李瑛梅	東組	第38回畢業	1944年3月
82	林雪枝	南組		
83	林郁美	北組		
84	陳君琪			
85	賴秀姬	東組	第39回畢業	1945年3月
86	郭璧如			
87	何靜			
88	陳秀蓉			
89	童靜梓			
90	陳瑳瑳			
91	李紫泥	南組		
92	張早苗			
93	汪摩尼	東組	第40回畢業	1946年3月
94	林純江	北組		

Belong

21

追尋北一：台北第一高女的光與影

作　　者	蔡蔚群
總 編 輯	洪仕翰
責任編輯	陳怡潔
行銷企劃	張偉豪
封面設計	林宜賢
封面插畫	周宥佑
排　　版	林曉涵

出版	衛城出版／左岸文化事業有限公司
發行	遠足文化事業股份有限公司（讀書共和國出版集團）
地址	23141 新北市新店區民權路 108-3 號 8 樓
電話	02-22181417
傳真	02-22180727
客服專線	0800221029
法律顧問	華洋法律事務所蘇文生律師
印刷	呈靖彩藝有限公司
初版	2025 年 05 月
初版二刷	2025 年 05 月
定價	550 元

ISBN 9786267645178（紙本）
9786267645161（PDF）
9786267645154（EPUB）

ACRO POLIS 衛城出版

Email acropolismde@gmail.com
Facebook www.facebook.com/acrolispublish

國家圖書館出版品預行編目（CIP）資料

追尋北一：台北第一高女的光與影/蔡蔚群著. -- 初版. --
新北市：衛城出版, 左岸文化事業有限公司出版：
遠足文化事業股份有限公司發行, 2025.05
面 ;14.8*21公分。（Belong ; 21）

ISBN 978-626-7645-17-8（平裝）

1.CST：台北市立第一女子高級中學

524.833/101　　114002866